青春美文精品集萃丛书
回忆长廊系列

回忆是映射光影的镜子

《语文报》编写组 选编

时代文艺出版社

图书在版编目（CIP）数据

回忆是映射光影的镜子 /《语文报》编写组选编.
-- 长春：时代文艺出版社，2021.6
（青春美文精品集萃丛书.回忆长廊系列）
ISBN 978-7-5387-6717-9

Ⅰ.①回… Ⅱ.①语… Ⅲ.①作文－中小学－选集
Ⅳ.①H194.5

中国版本图书馆CIP数据核字(2021)第086273号

回忆是映射光影的镜子

HUIYI SHI YINGSHE GUANGYING DE JINGZI

《语文报》编写组　选编

出 品 人：陈　琛
责任编辑：孟宇婷
装帧设计：陈　阳
排版制作：隋淑凤

出版发行　时代文艺出版社
地　　址：长春市福祉大路5788号　龙腾国际大厦A座15层　（130118）
电　　话：0431-81629751（总编办）　　0431-81629755（发行部）
网　　址：weibo.com/tlapress（官方微博）　　sdwycbsgf.tmall.com（天猫旗舰店）
开　　本：880mm×1230mm　1/32
字　　数：135千字
印　　张：7
印　　刷：三河市嵩川印刷有限公司
版　　次：2021年6月第1版
印　　次：2021年6月第1次印刷
定　　价：36.00元

图书如有印装错误　请寄回印厂调换

编 委 会

Contents

目 录

楼下的小猫

回忆是映射光影的镜子

成长的烦恼

种 植 阳 光

赤橙黄绿青蓝紫

目
录

楼下的小猫

有趣的"谢芙蓉"

崔慧敏

"芙蓉"一词在班上"脱颖而出",一下子引起了全班的注意。可光有这股新鲜劲儿还不够,同学们还给我身旁这个傻乎乎的男孩儿——谢昊辰戴上了这顶"芙蓉帽"。

"谢芙蓉、谢芙蓉……"鲁崔林乐呵呵地一边跳一边叫,嘴角边挂着一丝狡猾的笑意。于是"谢芙蓉"这个称号越传越广,同学们没事就哼起这个顺口的外号。每次和他开玩笑说出他的外号时,他总会痴痴地指着自己:"我?哦,原来谢昊辰还有一个名字叫'谢芙蓉',我还不知道呢!"说着,他便自唤起外号,看上去愣头愣脑的。

生活为"谢芙蓉"提供了做傻事的舞台,就连上课也不例外。

音乐课是我们快乐的天堂,整节课我们沉浸在优美的旋律中，享受着艺术的熏陶。然而，这节课没有了以往的安静，却得到了课堂以外的乐趣。

老师播放着优美动听的旋律，我们惬意地做着作业。笔头匆匆地滑过每个角落，发出各种欢快之声。突然，我感觉到周围有目光正在四处打转，神游不定。我扭头一看，谢昊辰正在东张西望，左瞅瞅，右看看，嘴里还叼了支红笔芯。突然他不知看到了什么，一吃惊把笔芯猛地一吸，红笔里的"精华"全都流到了他的舌头上。他把舌头一伸，呀，鲜红的舌头就像被血染过一样。这时候，鲁崔林正好来了个回眸一望。

"哇——"这尖叫似乎刺穿了我们的耳膜，同学们纷纷向他投来好奇的目光。谢昊辰无意间摸了摸舌头，摊手一看，脸上也露出吃惊的神情。他正准备往别人身上"擦"，周围的人被他这种小动作搞惯了，都被他给"训练"得警惕性异常高。有一次，他把脏兮兮的手全往陈吴阳身上"赖"去，陈吴阳被搞得几天都没穿那衣服。现在我们已经猜透了他那点"鬼把戏"，纷纷以迅雷不及掩耳之势躲开他的"魔掌"。见阴谋没得逞，谢昊辰又施一计，干脆四处"乞讨"，哪知鲁崔林硬是和他对抗，到处起哄。终于，在几位善良人士的捐赠之下，谢昊辰终于借到了几张皱皱巴巴的纸，清除了手上的"污染物"。

接着同学们把目光移向了那张红红的纸，直至扔进垃圾箱才把目光渐渐地转移……

半夜捉"鬼"

郭佳俊

家里的装修已经过时了，尤其是厨卫和客厅的设计，在使用中发现有许多不合理的地方。为此，妈妈唠叨了多次，爸爸也听得心烦了，决定利用"五一"小长假重新装修一下。

虽说只装修厨卫和客厅，但工程也不小，便向物业公司借了空置房暂住。作为家庭中的一员，我也不能袖手旁观，跟着忙了一整天，累得腰酸背疼。晚上十一点多钟，总算能够躺到床上，这时，只听"啪"的一声，我心里一惊，可是再听却没有了。我刚刚睡下，又是"啪"的一声，夜晚住在这陌生的房子里，不免有点儿恐惧。

我赶紧"逃"到了爸妈的房里，慌慌张张地说："妈妈，有'鬼'。""胡说，哪来的'鬼'！"我说："真的，你听！"妈妈果真听到了响声，好像是从隔壁门口传出来的。妈妈摇醒了爸爸，轻声对他说："起来看看吧，万一有什么事……"爸爸和妈妈下了床，可那响声又没有了，也没有看到什么，于是就又睡了。过了一会儿，响声又传来了，他俩再次起身去看，依然没发现什么，就这样折腾了一宿。

　　第二天一早，妈妈就起了身，也喊醒了我。她还想着昨夜的事情，正好开门遇着邻居，就告诉了她。邻居说那是她从日本带回的吉祥物风铃，是用牛皮纸做的，像个小木偶。只要一有风吹，转起来就发出"啪啪"的响声。我和妈妈都忍不住笑了。邻居问我们笑什么，我忙把昨晚捉"鬼"的事讲了，她听了也哈哈大笑。

　　妈妈用手指戳了下我的脑袋，笑着说："都是你疑神疑鬼，闹了个笑话。"我吐了吐舌头，对妈妈说："警惕性高点儿好，要是真的有什么险情，也要消灭在萌芽中。"

来之不易的礼物

季天悦

去年的一天，我在参观大众汽车车展时看到了一个汽车模型。它的车门、车窗、后备厢和天窗都是可以打开的，还可以用遥控器操纵。我对它一见钟情，可后来才知道，这个汽车模型是非卖品。

第二天正好是我的生日，当老爸问我要什么礼物时，我的第一反应就是想要那个汽车模型，于是，我便向老爸提出了请求。老爸拍了拍胸脯，爽快地说："小菜一碟。我一定会把这份礼物送到你的手里！""唉，"我叹了口气，"哪有那么容易啊，那可是非卖品……""没事，我会想尽一切办法去解决的。"老爸依然信心十足。

没想到，在我生日的那一天，老爸真的把"非卖品"送给了我。我惊讶不已，一个劲儿地打听老爸是怎么办到的。原来，老爸先找到了车展的主办方。主办方的经理是老爸的同学，提起汽车模型，他也很无奈，说："我们只负责办展览，汽车模型什么的属于参展方，我们没有售卖的权力。"

老爸一计不成，再生一计——他想到自己在大众公司有一个朋友，便去问他能不能拿一个汽车模型。可那个朋友说，他只是普通员工，这些事情他说了不算，只能带老爸去找他们的老总。不巧的是，老总正在开会。那个朋友说："算了吧，不就是一个模型吗？有必要那么坚持不懈吗？""当然有必要，这可是我和我儿子之间的约定啊！"老爸决定留下来等。傍晚时分，老总开完会回来了。老爸和他说明了缘由，老总被感动了，允许老爸拿一个汽车模型。可模型全在仓库里，老爸得自己去找。于是，老爸不顾天色已晚，赶到仓库，在众多的模型中找出了我想要的那一个，并且赶在夜幕降临之前把模型递到了我的手上。

现在，这份礼物还在我的房间里。虽然它没有花老爸一分钱，可它却"花"了老爸浓浓的父爱……

一条马陆引发的"骚乱"

刘 念

今天晚上，家中由于来了一位"不速之客"——马陆，而引发了一场不小的家庭"骚乱"。那场面，那情景……哦，容我擦擦汗，向您细细道来——

老爸老妈晚上散步回来，坐在沙发上休息，闲翻报纸。我呢，就在房间里苦苦思索今天的日记该写点儿什么。忽闻客厅传来"啪"的一声，我一惊，忙放下笔问："老爸，怎么回事？"然后起身前往客厅。我晃动着好奇的脑袋左顾右盼，却听老爸说："这里有条黑虫，跟蜈蚣很像，我用拖鞋拍了一下，它立马缩成了一团，可能还没死！"说完又举起拖鞋往地板上用力拍了几下，那声音可谓惊天动地，神鬼皆惧啊！我听说是黑虫，脊背一凉，吓得后退了几步。胆大的老妈则好奇地凑过去瞧瞧，忽然惊呼道："这好像是'骚板虫'（方言，即马陆）啊！"话音未落，那虫子早已被老爸拍得四分五裂，血肉迸溅，并用报纸包了起来。老妈好像想到了什么，蹙眉皱鼻地挥着手道："赶快扔到楼下的垃圾桶里去，'骚板虫'死了巨臭无比啊！"老爸听了脸色一变："哦，好的……"

说时迟，那时快，一股臭气已骤然在客厅弥漫开来——就像炎炎夏日里那种腐烂的肉类发出的恶臭，又像乱七八糟的垃圾堆放在一起发酵后的奇臭……天哪，真恶心啊！我连忙捏住了鼻子，三个人几乎同时发出了"哀号"："妈呀，太臭了！"我们一家三口绿着脸皱着眉，"相顾无言，唯有泪千行"！我憋了一会儿，又忍不住吐出舌头，"呕！"这骚臭味，让人闻了神经发麻，四肢无力，只觉得天旋地转，"几欲先走"啊！真乃"臭中之王"也！也可以说是天下最臭，没有之一！再瞅瞅老爸，他这个"罪魁祸首"竟作"晕死"状直挺挺躺在沙发上，还有气无力地吐出五个字："又骚又臭啊！"我实在憋不住了："哈哈哈！"但随即又猛地捂住了嘴，此臭已攻吾心肺也！啊，谁来救救我！欲哭无泪啊……

紧急关头，老妈灵光一闪，十万火急地搬出了电风扇，开到最大档，摇头狂扇！老爸见此，也赶紧去厨房拿了抹布，然后蹲在那儿，歪着脑袋，一手捂鼻，一手在拍过虫的地方猛擦——哈哈，我认为老爸需要一个防毒面具！

我左瞧瞧，右望望，也不知能做点儿什么，总不能帮着吸臭气吧？忽然，我惊喜地看到玻璃柜台上摆着一瓶花露水！嘿！天助我也！我抓起来就对着老爸"扑哧"了几下，把老爸吓了一大跳。哈哈！我正想为自己的"见义勇为"嘚瑟时，没料到，一股更强的混合型臭味直钻鼻孔，那真是"椰风挡不住"啊！老妈呢，早在一边笑弯了腰："那花露水，早过期了吧！"我这才明白是咋回事！真是弄巧成拙啊！

我感觉自己的"灵魂"已从身体里慢悠悠地飘了出来，好像置身于动画片中，而头上一定浮着一个骷髅头（代表中毒）。那阵阵恶臭仿佛汇成了一个巨大的旋涡，在一瞬间将我强劲地吸入其中，根本来不及挣扎……"到卧室去！"老妈提醒我。我一怔，随即仓皇逃回卧室，"砰"地关上门，狠狠呼吸了几口"新鲜"空气，"灵魂"这才又慢悠悠地回到了体内。

过了好一会儿，不死心的我小心翼翼地将门打开了一条小缝，嗯，客厅臭味依然浓烈！我捏着鼻子问："老爸，这臭味怎么这么难消啊？"老爸说："我正在上网搜索。"少顷，老爸招手让我过去。我十分不情愿，一步三摇地晃到电脑前，一看：骚板虫，学名马陆，又称千足虫，身体有多节，头部有触角，生活在潮湿地方，大多以枯枝落叶为食。部分种类遇袭击即假死片刻，自卫时多将身体蜷曲，分泌出一种刺激性的毒液或毒气，马陆味臭，令鸟兽都不爱吃……"没错，最近几天暴雨不断，家中到处回潮，我家又住在山边上，所以骚板虫就来了！"老爸说。我和老妈都点头表示同意。"啊哦——骚板虫放臭气是为了御敌呀！"我忽然醒悟道，随之又赶紧住了嘴——唉，这臭味儿……

这一场梦魇一般的"骚乱"估计明天才会渐渐平息吧。想想这小虫，也算是"以命相拼""宁死不屈"了，虽然生而卑微，却也精神可嘉，只是于我而言，除了增长知识，这份回忆真的不太愉快啊！

那一刻，我的世界春暖花开

付起航

冬天，雨是那么凄凉刺骨，天是那么阴暗，多希望从中能挤出一缕温暖的阳光。

刚刚还在听《命运交响曲》，期末考的成绩依然令人泪下，即使做过思想准备，然而在语文成绩那一栏的"69分"还是让我止不住心中的悲伤。金色大厅内慷慨激昂的气势也掩饰不了我心中的悲凉，也许只有那长长的笛声才能给我点无用的安慰。

诚然，我又考砸了，试卷上一个个红色的叉叉给我的更是一种巨大的失落感。这是继期中考后再一次的失败。试想，在学校中，有同学们不怀好意的冷嘲热讽，老师尖锐的目光中充斥着严厉的批评；在家里，有妈妈对我的不理解，以及爸爸那只看结果的"不近人情"式严格要求。

再磅礴的鼓声，再尖刺的小提琴声也消散不了心中的恐惧与过分的"自尊"吧!

关上房门,趴在床上,我用被子使劲儿地蒙住耳朵与头发,更不想让任何人看到那被手揉红的眼睛。这一刻我能感知到鲁迅先生所体会的"彷徨",如一只没有目的地与家的无力的鸟儿,在暴风雨中四处迷惘,在大雾中头破血流。我在惆怅中看向窗外,淅淅沥沥的雨在不停地下着,那小小的水坑中正泛着阵阵涟漪。

这也许不适合向人倾诉,于是便写在日记中了。

第二天也许心血来潮地打开日记本,其中莫名其妙地写着:"阳光总在风雨中,丑小鸭也能变成白天鹅,一次的失败不应该是自暴自弃的理由。"向外看,阴暗的空中露出了一缕明媚的阳光,多么灿烂的阳光啊!那一刻,我的世界春暖花开。

是啊,我何尝不能用美好的心灵与顽强的意志战胜人生的坎坷呢?

傲慢的青苹果

张皓凯

一个美丽的夜晚，城堡里正在举行一场盛大的舞会。美丽的公主们和英俊的王子们伴着悠扬悦耳的音乐翩翩起舞。待在高脚水果盘里的水果们羡慕地看着他们，也想跳舞。

夜深了，舞会结束了，大厅恢复了平静。这时，青苹果再也忍不住了。他郑重地向水果们发出了邀请："亲爱的女士们、先生们，谁能陪我跳一支舞啊？"草莓小姐第一个站出来，说："我可以陪你跳一支舞。"青苹果仔细地打量了一下草莓小姐，不屑地说："你脸上长了这么多的斑点，谁爱和你跳舞啊！"草莓小姐难过地低下了头，走开了。

香蕉女士挤出了"人群"说："我身材苗条，总可以陪你跳支舞吧？"青苹果绕着她转一圈说："你总弯着腰，而且皮肤太光滑了，我拉不住你，没法和你跳舞。"香蕉女士悻悻地走开了。

橘子夫人走了出来，很肯定地说："我应该能陪你跳舞！"青苹果马上捂住了鼻子，瓮声瓮气地说："你几天没洗澡了？好难闻哪！我可受不了。"橘子夫人恼羞成怒地说："真没教养！"转身就走了。

水蜜桃小姐轻声地问："我有这个荣幸吗？"青苹果从上到下地对她看了又看，说："你身上的毛真扎人，千万不要蹭我一身哦！"水蜜桃小姐"哼"了一声，头也不回地走了。其他水果见青苹果这样傲慢，没有人再愿意和他跳舞，纷纷走开了。

这时，不知谁喊了一声："我们自己开个舞会吧！"众水果们立刻响应起来，大家很快就找到了自己的舞伴，欢快地跳起舞来。只有那个傲慢的青苹果孤零零地站在一边，羞红了脸，成了个"红苹果"。

家乡的土豆

乔美舒

　　我的家乡在山西省吕梁市离石区，吕梁有许多的特产，吕梁是土豆之乡、红枣之乡、煤炭之乡、核桃之乡、汾酒之乡、小杂粮之乡……在吕梁的特产中，我最喜欢土豆了，它可以做成各种各样的美味。

　　我经常会催爸爸买一大袋的土豆，给我做各种各样好吃的小菜，有炒土豆丝、土豆片炒肉、土豆焖牛肉、土豆炖茄子、炸薯条等各种各样的美味。我最喜欢的当然是那道炸薯条了！我们一家人都非常喜欢这几道菜，也都非常喜欢土豆。

　　土豆的外表并不好看。土豆穿着一件棕色的"外衣"，上面有很多小黑点，这儿凹进去，那儿凸出来，全身爬满了尘土，脏兮兮的。不过里面倒是白白嫩嫩的身子。

土豆的外表虽然不好看，可内心却很美丽、很友善。土豆给人的贡献很多，而对人们的要求却很少。土豆具有顽强的生命力，它让我们吃，让我们补充体力，健健康康地生活。

土豆被人们称为"地下苹果"，外国人还称土豆为"面包"，吕梁美食最有代表性的就是土豆了。

土豆还可以制成各种农副产品、美味小吃。有粉条、淀粉、饸饹、擦擦等。

我喜欢土豆，我喜欢家乡的土豆，我喜欢吕梁的土豆。我愿没有吃过吕梁土豆的朋友都来我的家乡尝一尝，品吕梁土豆的滋味，那滋味可真美呀！

晒晒奶奶的"护卫队"

乔旭阳

　　我奶奶家的面积比较大。因为奶奶年纪大了，平时又只有哥哥和一个照顾她的阿姨在家陪她，所以伯伯给奶奶养了六只狗看家护院。当它们坐成一排的时候，俨然是一支小队伍。

　　狗狗们只只体形健硕、高大，眼睛发亮、毛色乌黑的弹壳，豹子，小黑子很像一家子，它们总是精神抖擞地在院子里走来走去，就像三个霸气的巡逻卫士一样。呆呆的毛色和小花的差不多，都是黄白相间，只有大黄是纯黄的狗。虽然因为毛色的关系，它们看上去不够威猛，但论能力，它们一点儿也不逊色。

　　第一次见到它们那天，我和妈妈刚按下奶奶家的门铃，狗狗们就立马警觉了起来。我像以前一样，用手摇了摇大门。这下可不得了啦，狗狗们拼命地扑向大门，还

"汪汪汪"地使劲儿大叫，吓得我和妈妈汗毛都竖起来了。"真是太吵了！"从院子里传来了奶奶带有怒气的声音。隔着高高的栅栏，我看见奶奶手里拿着一根棒子，边走边对狗狗们说："这是我们家的小主人，你们可得记住了，不然打你们哟。"

门开了，我和妈妈在奶奶的保护下，小心翼翼地往屋里走，生怕狗狗们冲过来咬我们两口。我回头一看，哟，它们几个都俯首帖耳地跟在奶奶后面，半点儿凶相也没有了。

这些狗狗们最让我佩服的就是别人给吃食它们根本不吃，只吃阿姨给的狗粮。有这样好的习惯，就不怕坏人打主意啦。当然，再凶悍的狗狗也有温顺可爱的时候。出太阳时，狗狗们会互相嬉闹，在地上翻滚玩耍。看着它们开心的样子，我真想去给它们一个爱的抱抱。可我妈妈不准，说它们不是宠物犬，我容易被它们的爪子划伤。所以，平时我最多只能抚摸抚摸它们背上的毛。

狗狗的本性就是对主人忠诚。我真为奶奶家的这支"护卫队"感到骄傲。

盛开的百合

顾齐辉

从我小的时候妈妈就喜欢给我讲故事，而我印象最深的故事就是《山顶上的野百合》。不知什么原因，我每次听到这个故事都莫名地感到喜欢。喜欢野百合那一支独放的惊艳，崇拜那不畏强难的坚持。我爱它，热热切切地爱着它，我的房间里也因此常常有百合花的倩影，它们雅致，高洁。

记得小学时的我，相貌平平，才情平平，考试成绩总是处在中等。可我却丝毫不放在心上，自甘堕落。只是，每个人都有自尊心，我也不例外。

那次，因作业没写好被老师罚站在教室外。我抬头看天空，数蝴蝶，望树叶，居然还悠然自得。恰巧，隔壁班的两位班干部帮老师去办公室拿作业本，从我面前走过，盯了我一眼，窃窃私语："这不是一班的顾启慧吗？

怎么又被罚站？真是厚脸皮，还无所谓呢，一点也不自觉……"尽管他们压低了嗓音，但是，每个字我都听得清清楚楚！

我依旧看着天空，可眼中突然有了湿润的感觉，心里酸溜溜的。

放学回家，我闷闷地走到房间里，一个人抱着靠枕，一言不发。突然，一阵幽香蹿入鼻腔，紧接着又是蹑手蹑脚的步伐声。那香气，是我熟悉得不能再熟悉的百合；那步伐，是我了解得不能再了解的小调皮。"璐璐，偷偷摸摸的干吗？"我头也没抬地问话。璐璐是我的邻居，是个还在上幼儿园的小屁孩儿。她把脸凑过来，无限惊喜："姐姐，你怎么又猜到是我啊。"我默不作声，思绪还停留在那两个该死的男生的嘲笑里。

可她似乎兴趣很浓："姐姐，奶奶说你生气了，要我陪你玩……喏，百合，是我家餐桌上的哟。"我终于笑了，因为我发现，那百合开得正盛，香得正浓。不得不说，我被她的童真和百合的馨香给治愈了。

璐璐好像突然之间得到了我的鼓励似的，继续着她的奇谈怪论："姐姐，你好棒呀，天天买东西给我吃呢……姐，你是不是百合变的，也会开啊？"

我一惊，坐了起来，最后那一句看似没有逻辑的话，像圣水一样猛地净化了我迷蒙的思维——璐璐说得一点儿也不错，我是百合，我要绽放。

烟花绽放的那一瞬，它是那么光艳夺目；百合绽放的那一刻，它是那么纯洁无瑕。连野百合都有绽放的那一天，那我的人生必定也会有出彩的那一刻。

我开心地笑了，百合一般，灿烂而自信。

闲不住的外婆

马明宇

记忆里，总有一片棉花地。地里常有个身着粗布短袖、黄色军鞋的老人，身子前倾、汗流满面、神情专注地一锄头一锄头锄着地。那老人，就是我亲爱的外婆。

外婆总是很忙。田里的大事小事，每一样都离不了她。

我还在老家时，每次幼儿园放学，途径外婆家门前，都盼着外婆能站在门口，笑嘻嘻地等我，手里还拿着我喜欢喝的"娃哈哈"。可是，到了外婆家门口，总见"铁将军"把门，那个伤心啊……终于有一天，我伤心到了极点，一边哇哇大哭，一边用一个大砖头使劲儿往外婆家的门上砸去。邻居们拦都拦不住！

今年五一期间，我想外婆了，就在妈妈的陪同下，回了趟老家。还是"铁将军"把门！正当我灰心丧气之时，妈妈提议说去棉花地里找。

当时已近午饭时间，一路上遇见许多熟人，就是没见到外婆的身影。也不用我们开口，熟人们全热情地指路："还在地里呢！你们快去叫她回来……"我们走了很远，一直走到路上都没有其他人了，才看见外婆坐在地头的大树底下，正大口大口地嚼着干馒头，锄头倒放在她的跟前，一同放着的，还有杀虫剂、小铁铲。外婆真的很累了，花白的头发湿漉漉的，全粘在头皮上；那件白色的粗布短袖也湿透了，边沿还在往下滴水。突然，外婆怔了一下，好像是噎住了。我奔跑过去，赶紧递上手中的纯净水。我闲不住的外婆，她打算就这么吃完，继续干活了！

暑假期间，我又去了趟外婆家，依然是"铁将军"把门。我还是去棉花地里找。真巧，刚走到半路就远远看见了：外婆扛着铁锹，一大袋雪白的棉花斜挂在她的腰间，正伛偻着疲惫的身子一步一步往回走。我叫了一声，她抬起头，一脸的惊喜。夕阳照在她脸上，那些被深深雕刻的皱纹，成了一朵怒放的金菊。

在家，外婆也一样忙个不停。那晚，为了招待我，做好的饭菜摆了满满一桌，可做饭的外婆还在后院的柴火堆、鸡圈，还有菜园子里忙这忙那。洗完澡的我去催她好几回，她才急忙把沾满土灰的手往围裙上一抹，嘴里直说："来了来了！蚊子多，你赶紧回去吃，别等我。"

等做完所有家务，外婆才开始洗澡。洗完澡的她，也不问热不热，倒头便睡。听着她匀称的鼾声，我悄悄把风扇往她那边转了转。我这闲不住的外婆，真累啊！

雨 后 漫 步

吕卓沛

雨停了，云还没有散，天空开始渐渐放晴，散步的人也渐渐多了。

我走在湿漉漉的小路上，迎着鸟儿的歌声，呼吸着雨后清新的空气和泥土潮湿的气息，这是多么美好的一件事啊！这时，小草也舒展了身子，远远望去，就像一张碧绿的地毯，它在雨后显得更加美丽动人：嫩嫩的，绿绿的，每一片叶子上都沾着几颗晶莹的雨珠，像戴上了钻石制成的首饰。我和好朋友走在这张地毯上，感觉软绵绵的，但如此美丽的小草，就被我们俩给践踏了，我不忍心再破坏这美景，赶紧拉着好朋友走出了这美丽的景致。

月季花们也不甘示弱，争先恐后地在雨后炫耀着自己的美丽。远远望去，一片白，一片粉，一片红，煞是美丽！它们有的像一个小绒球，有的像一个火球，有的像一个亭亭玉立的少女。外面一层花瓣小心翼翼地守护着里面那神圣的花蕊，不容外敌的袭击。这时，如果你凑过鼻子去闻闻，就会有一股淡淡的诱人的香味，使你的心难以平静。有一些小花像腼腆的小姑娘，虽不争芳斗艳，但在绿叶的衬托下也显得比以前更精神，开得比以前更美了。

渐渐地，原本安静的花园也变得热闹起来了，到处都是小朋友的欢笑和老人们聊天的声音。

乌云散了，太阳慢慢明亮起来，夏日的温度又恢复如常。

美丽的景色总是那么短暂！

开出生命之花

金西西

你知道吗，在梦想的心房里，最能够绽开生命之花。

常听别人说起曾经的梦想：或许是倚着拐杖耄耋之年的老叟；或许是围着灶台忙着家务的妇女；或许是终日疲倦奔波的上班一族；又或许是正值青春花季的我们。曾听人说："梦想无论多么模糊，总潜伏在我们心底，使我们的心境永远不得宁静，直到这些梦想实现。"以前我无法真正理解，直到我遇见了她，才拨开了我生命中的迷雾。

我与她接触三年，她十分严厉，我不大喜欢，可她也很令我敬佩。

她是一个奔六的人，是我六年级的数学老师兼班主任，从走上讲台至今，已经三十多年了，我所在的那一届是她的关门弟子。我猜她的头发应该染过，坐在讲台下的我偶尔还能看见她鬓边的几丝银发。因为她爱教数学，所以她总说她有一个梦想，那就是把她所有的知识都传授给我们，无论是学问，还是做人。每次她说到这里，都扬起下巴，神情光彩。她不高，穿上高跟鞋，跟我差不多。可那一瞬间，我觉得她十分伟岸。

记得有一天她没有来上课，第二天我们才知道，她是到医院去看眼睛。是的，以前她就说，她的左眼接近失明，右眼只有0.1的视力，摘了眼镜什么都看不清。那天去医院，医生说她需要做手术，可她放弃了，不顾医生和子女的强烈要求，依旧选择药物和定期治疗。因为她放心不下我们，怕少为我们讲了一节知识，少为我们解决了一道难题。

她有一些经典的语句，到现在都时刻提醒我。她容易激动，讲至高潮，双手挥动，如指挥家一般，声音洪亮，眼中闪着光芒，还透出一丝我不大理解的狂热，对数学的狂热。

我从她那逐渐苍老的身躯看到了一颗年轻、火热的心。生如夏花之绚烂，皆是如此。为了最初的梦想，在盛开的瞬间极力绽放自己的美丽，就算倾尽一生，也无一丝悔恨。

曾几何时，也许我们都已忘记了最初的梦想。庸庸碌碌过了那么多年，也没想着要拾回它。每当我想起她时，总会觉得有些惭愧。所幸的是，一切都不算太晚。

我又想起来这样一段话："外面有温暖阳光之时，

都知道不该用丑陋的窗帘将其遮挡，可又有多少人能不顾一切地让心灵随时充满梦想之光？所以才出现羡慕与遗憾——羡慕那些你渴望却没有做的，遗憾于那错过的美好。"

别再错过阳光，在心房中间播下梦想的种子，才能开出生命之花。

塔　藤

张时雨

　　学校里有一座塔，塔身被绿绿的藤蔓包裹得密不透风，那些是爬山虎，上面长满了绿油油的叶子，风一吹就翻起波浪，美极了。

　　被藤蔓包着的大概是塔吧，直直的，也不知道叫什么好，姑且算塔吧。不知从什么时候起，大片爬山虎就依塔而生，也不用灌溉，就这样生机勃勃地长了起来，倔强的小脚不屈地迈出一个又一个坚实、顽强的脚步。叶子长得也好，绿得晃人眼，是透心凉的绿；叶子刚长出来是紫红色的，慢慢地，就变成淡绿色，这是一种娇嫩的颜色，是水灵灵的绿；到了夏天，叶子就变成了火旺旺的绿，像在上面泼了油，在滋滋地炒；秋天更好看，火红火红的，有些像枫叶。

　　藤少时，在塔上还勾出些花纹，长多后，就是一片叶墙。乍一看，估计没人知道叶子底下还有一个水泥建筑呢。每次远远一看，倒也觉得那是一处生命的风景，有一种惬意的美好。那塔是个废塔，多少年来也无人问津，拿来给爬山虎安家倒是不错。

我每次看爬山虎，都是远远地看，很少走近观察。一茎一叶的爬山虎，显得单调，没有力量；一群一簇的才好，这是一种磅礴的美，是昂首挺胸的壮美，远远观望，愈觉生命的活泼与可爱。

某年冬天，我在学校里散步，又看见那座塔，还是隆冬，塔上却仍是条条藤蔓肆意滋生。虽然有小部分是干枯的，但新藤伏在先辈干枯的躯体上，欣欣向荣。那绿，是冬季中的一抹暖色调。

春，原来提前就住在塔藤里了啊！

爱的"烟幕弹"

陈俊吉

今年，我十二岁了，可以说是一个小小男子汉了。可是，在家里，我老是被妈妈"爱的枪炮"打得丢盔卸甲；被"爱的紧箍咒"念得痛不欲生；被"爱的烟幕弹"熏得分不清东南西北。

枪炮的威力、紧箍咒的魔力，想必有的同学早已见识过，可是"爱的烟幕弹"是什么呢？

这还得从去年下学期数学中期考试说起。那天，试卷发下来后，我一看试卷就心花怒放，不到一个小时就交卷了。试卷发下来后，我傻眼了，只有86分。我想，爸爸这几天出差，躲过了"男女混合双打"，但这"竹笋炒肉"是一定免不了了。万万没有想到，妈妈看过试卷后只是轻描淡写地说了一句："儿子，只要你认真了，努力了，即使考了零分，妈妈都不怪你！"

"亲爱的妈妈,我没听错吧?"我嘴巴张了好长时间,竟然忘记了合上。

妈妈依旧笑着说:"没听错,后半学期,考几个'零分'给我就行!规矩只有一条,不准交白卷,不准空题,其他随便你!"

"妈妈万岁!"为了防止妈妈耍赖,我们击掌明誓,"拉钩上吊,一百年不许变。"

得到妈妈的准许后,一放学,我把书包往床上一扔,笑嘻嘻地跟妈妈打个招呼,就下楼疯狂去了;一身臭汗回家后,把脏衣服往沙发上一扔,拿起筷子大口吃起可口的饭菜;饭后,洗漱完马上钻进被窝。

每天,我笑嘻嘻地面对妈妈,妈妈也回报我以甜美的微笑。

几天后,妈妈还是微笑着,可我却笑不起来了,而且心里开始发毛了:妈妈的话是真的吗?这几天的生活是真的吗?妈妈葫芦里到底装的什么"药"?

一周后,我哭丧着脸求妈妈改变游戏规则,妈妈还是面带微笑,说:"男子汉,说话要算话,做事不能半途而废,努力吧!"

两周后,我哭着求妈妈开恩,因为我明白了妈妈的良苦用心:妈妈让我考零分,其实是让我做题时好好审题。因为在妈妈的考试规则下,我认真做题,故意做错也不可能得零分。

"看来，这个游戏你还收获不小，把你的数学期中考试试卷拿出来仔细看看，有什么新收获告诉我一下。"妈妈笑着对我说。

噢，原来妈妈放的是一颗"烟幕弹"呀，只怪我见识短浅才被熏得不知东西南北。

我赶紧找出期中考试数学试卷仔细查看，原来都是不认真造成的，我越看越觉得脸上发烫，如果……如果……好多好多的"如果"一下子向我蜂拥而来，我终于找到了自己失败的原因。如果没有妈妈的"烟幕弹"，可能我还不知道自己错在哪里。此时，妈妈的"烟幕弹"一下子把我熏得"泪流满面"。

透过妈妈"烟幕弹"的层层烟雾，我看到了一个大大的"爱"字。

楼下的小猫

陈思灿

　　早晨，我推开门准备出去买东西吃。忽然，我听见
"喵……喵……"的叫声，似乎是从不远处传来。

　　我走到楼下，看见一只小猫趴在地上眼巴巴地看着
我。它十分可怜，好像要跟我说些什么。我这才想起，它
这几天白天睡在楼梯间里，晚上出去寻找食物。它见到小
朋友的时候会发出"喵……喵……"的叫声。

　　是谁家丢弃了这么可爱的小猫呢？于是，我内心深
处开始怜悯起它。我决定带着它去买喜欢吃的鱼。说到做
到，我把它带到了小区门口对面的超市里，我问服务台的
阿姨："阿姨，请问有没有小猫吃的鱼啊？"阿姨说：
"有，你要哪一种啊？有大罐的、中罐的、小罐的。小罐
的鱼有两条哦，中罐的有四条，大罐的有六条。"

　　我说："我要中罐的鱼。"

阿姨说："小朋友，这小猫是哪里的？它好可怜啊！"

我说："我在我家楼下遇到的。它好像好多天都没有吃东西了，所以我才让它吃些鱼。"阿姨说："好吧，那这四条鱼我就送给你吧！"我非常感激地说："谢谢阿姨！"

我打开罐子给小猫喂食，小猫吃得津津有味。它边吃边看着我，似乎在说："小朋友，谢谢你！这些鱼真好吃。"我心里像喝了蜂蜜一样甜，这时，我也感到舒服多了。此时此刻，我感到自己做了一件大事。但我的心情不禁又开始沉重：这只小猫还没有家呢？我还要帮助小猫找到一个温暖的家。

我怀着这种沉重的心情，去找了几个爱好养猫的同学，希望他们的爸妈能够同意收养这只令人心疼的小猫！

你吃肉，我喝汤

无　双

又到了星期五，终于可以回家了。爷爷来学校接我，在回去的路上，爷爷问我想吃什么，我随口说了句有什么吃什么。其实，我最爱吃爷爷烹制的红烧鸡。

快到家了，我馋猫鼻子尖，大老远就闻到厨房里飘出的阵阵香味，口水都快流成河了。我一边咽着口水，一边问爷爷："锅里是啥？"爷爷知道我嘴馋，故意卖了个关子："等会儿你就知道了。"

开饭了，"哇，一只鸡！"真是知我者，爷爷也。爷爷微笑着说："嗯，今天全得吃掉。""行啊，没问题，别说一只，就是两只我也能搞定。"隔壁小狗也跑来蹭骨头吃。我一边开心地吃着鸡，一边狼吞虎咽吃着饭，爷爷笑呵呵地看着我吃，脸上绽开笑容。

才吃了四分之一只鸡，我就开始打饱嗝。我放下碗

楼下的小猫

筷，对爷爷说："我饱了，去做作业了。"爷爷一听，不高兴了："不可能，今天你至少要吃一半。"看爷爷倔强的样子，没办法，我只好硬着头皮吃了。爷爷见我又开吃了，仍是笑呵呵地看着我吃。突然，一道灵光闪过我的脑海："爷爷，你怎么不吃啊？"爷爷的回答让我的心弦狠狠地被触动了。"没事，你吃肉，我喝汤。"我突然感到眼眶里湿湿的，我极力控制住自己，不让泪水流出来。我又草草地吃了几口，然后小声地说："吃完了。"说完就飞一般地逃走了。

晚上，我久久不能入眠，一直想着爷爷的那句"你吃肉，我喝汤"的话。我从来都不会向亲人表达爱意，也许是因为我感觉太肉麻了吧。但今天，爷爷的这句话让我刻骨铭心，我决定，明天吃饭时，我也说这句话。

第二天中午，开饭了，昨日剩下的半只鸡被摆上桌。我默默地吃着饭。隔壁的小白又屁颠屁颠跑过来，使劲儿地摇着尾巴，示意它要吃鸡骨头。我还是没吃鸡，爷爷问："怎么不吃鸡啊？"我笑道："哦，昨天我吃肉，您喝汤。今天您吃肉，我喝汤。"说完这句话，我如释重负。"你现在在长身体，要吃好的补充营养。我老了，不用吃好的，随便吃点儿就能干活。等我什么时候干不动了，嘴又馋了，你再买给我吃也行啊。"我无言以对，到我长大了，向您尽孝时，可能为时已晚了。我尽力劝爷爷吃鸡肉，爷爷只吃了点儿鸡皮。

唉，爷爷永远是这样，把好东西留给别人，自己只是简单将就一下。可我又能为爷爷做什么呢？现在买东西送给爷爷，他肯定不接受。帮他干活吧，我又老是犯错。罢了，不谈了，我只有努力学习，养好身体，将来更好地报答爷爷。

变 形 记

曹雯婉

啊！快看，我们穿越了！我们穿着汉服的样子简直太美了！

最近，我们在排练舞台剧《张良拜师》，按照剧情要求，我们都得穿汉服上场。看到其他几个小演员都借来了服装，我的服装却还没影儿，我有些慌神，可妈妈却胸有成竹地告诉我，一定会让我变成一个标准的古装美女。

吃完午饭，妈妈开始工作了。她给我找来了一条鹅黄色的长裙、一条紫色的细围巾，一根长长的、几乎可以把我整个人都缠起来的黄纱带，还有一条白裙子。她把所有的头花都搬到沙发上，道具全部就位，变装开始了！

妈妈先给我编出了两条极细的小辫，在两鬓的位置来回盘绕。她不时用亮晶晶的小夹子这里夹一下，那里夹一下，定好形状后，又在上面点缀了两个紫色的花团。后面的头发顺滑地披着，妈妈又用一条水晶链压住了我头顶的散发。看妈妈那一边抿着嘴笑一边给我打扮的样子，我的心里充满了期待，真想看看自己变成什么样了。

头发弄好后，妈妈先让我穿好白纱裙，又给我套上了黄长裙。我低头一看，觉得自己像白雪公主一样漂亮。妈妈拿来黄纱带，在我身上比来绕去，又拿紫围巾当腰带，在我腰上缠了好几圈，还打了一个结，我的腰都要被勒成豆芽了。黄纱带做的挽纱在我身上裹了一层又一层，我都快热死了。总这么穿，古人难道不热吗？

热归热，但变装结束后，我在镜子前扭来摆去，对自己的新造型满意极了。

好不容易从头到脚收拾好，该出门了。下楼梯时，我一脚踩到了长长的裙摆，差点儿被绊倒滚到楼下去。妈妈赶紧提醒我要提着裙摆，用小碎步走路，她说这样才是古代美女的风范。唉，做古人可真麻烦！

我和外婆买新衣

彭雪珍

外婆来我家住了一段时间就要回去了，可我心中恋恋不舍，希望时间慢一点儿再慢一点儿，让她多住几天。

有一天外婆约我一起上街买东西，我求之不得。

我和外婆踏上了逛街的旅程。其实买不买东西不重要，能够和外婆一起走走路、聊聊天，才是我最高兴的事。

天气特别好，空气格外清新，阳光把两个流动着的亲密身影投射在街边的小路上……

来到大街上，有一家服装店的设计风格我好喜欢，门前还有个花边水坛，我提议："外婆，我们就去这家吧！"外婆微笑着说好。

进到店里，外婆开始给我挑漂亮的衣裳，我看到外婆欣喜的样子，也快乐起来。我走到老人服装区，给外婆挑了一件外套，拿过去给她看看。外婆说："好看，我挺喜欢的。"外婆给我挑的衣服都是最好的，手里总是拿着好几件，一会儿让我穿上试试，一会儿问我漂不漂亮。

我们把衣服拿到收银台，外婆看了看我给她挑的那件衣服的价钱，说："这件贵了一点儿，算了，我年纪也大了，花花绿绿的也不合适，况且这件衣服不买了，就可以多买几件你的衣服。"

可外婆的神情明明告诉我，其实她是很喜欢那件衣服的，只是疼爱我，她才这样做的。我说："外婆，你看我的衣服不少了，大袋小袋的，你一件都没有买，我也不买了……"

"怎么能不买呢？你的不能不买，我的不买可以，就这样办。"

看到外婆那坚决的态度，我不和外婆争论了。我想，既然外婆喜欢这件衣服，那我不如用自己的零用钱给外婆买下那件外套！趁外婆又给我挑衣服的时候，我行动了。

孝，可以是在长辈劳累时送上一杯热茶，也可以是在他们烦恼时送上一句温馨的问候，而我，要给外婆一个惊喜。

回家的路上，我和外婆又说又笑，开心得很。

回到家中，外婆才意外地发现我手里多了一样东西。我把袋子里的衣服拿出来给外婆看，外婆当时的神情不知有多惊讶多惊喜。缓了一会儿，她便问我衣服怎么来的，我就说了我的"行动过程"。

外婆听了，说："你这个乖孩子，怎么这么懂我的心思呢？真是一个孝顺的好孩子。"她很感动，一把抱住了我。我依偎在外婆的怀抱里，好温暖呀，心里也是甜蜜蜜的。想不到我这么一个小小的举动竟带给外婆那么大的惊喜！

成长的烦恼

亲爱的小孩儿

郑锡铭

你好吗，亲爱的小孩儿？

在我的记忆中，你一直是一个爱看书的孩子。记得上一次，你去参加亲戚为她儿子举办的生日宴会。吃完午餐后，你和一大群小孩子去她家里玩。那群小孩儿一来到温暖的屋子里，便被大把的零食和玩具吸引住了，而打开的电脑电视更是被孩子们的目光遮得密不透风。有些身手敏捷的孩子早已拿好自己爱吃的零食，坐在电脑椅上，手握鼠标在桌面上轻点几下，玩起了"赛尔号"。但你却随便找把椅子坐下，目光在房间里扫视一圈后，一本《悬疑世界》吸引了你的注意力，本来暗淡无神的目光也因为它而变得炯炯有神。你迅速地走过去，把那本书宝贝似的用手紧紧地握住，然后坐在沙发上，把书平放在腿上，津津有味地看了起来。直到要吃晚餐了，你才恋恋不舍地把目光从书上移下来。

现在回想起来，在当时，那本书的确是你的宝贝。亲爱的小孩儿，书是你的伙伴啊！

你是一个喜欢慢节奏的孩子。在悠闲的星期天，你有时也会出去走走——悠然地逛街。但你并不像其他女孩儿那样，一逛街就去饰品店、服装店或超市，你喜欢慢慢地走在大街上，享受着午后温暖的阳光，与提着大包小包的女孩子擦肩而过，在规模很小但味道很好的小店里买一小袋糖炒栗子边走边吃。有时你在街头还会遇到卖梅花糕的大嫂，便会兴冲冲地买两个握在手里，左一口右一口，吃得不亦乐乎。有时你会在套金鱼的小摊前踟蹰半天，却还是把钱留在口袋里，一边走一边安慰自己：下次玩吧！可下次还是会一步三回头地走掉了。有时你还会在转角的咖啡店里吃着小面包，听着音乐，翻阅着刚买的漫画，去的次数多了，连老板娘都和你成了朋友。

虽然你每次回来后，都抓狂地大叫道："啊啊啊，我是穷人一枚了，再也不逛街了！"但你只不过是口头抱怨而已，其实你很享受每次逛街的感觉。亲爱的小孩儿，你的心思我最懂啊！

小孩儿，不要疑惑为什么我了解你的一切，也不要惊讶为什么我道出你的心声。因为我就是你呀，亲爱的小孩儿。

钓鱼的情怀

吴舒云

人生之中，总有一些动人的印记让人挥之不去，飘飞的思绪里，难以忘却的是那次"临渊"钓鱼的情怀。

那是个多情的周六，我和同学们一起外出采风。

金色十月，秋高气爽，我们一路高歌一路欢呼地乘车来到了螺岗岭生态农庄，展现于眼前的是舒适宜人的绿色庄苑。忽然，我们看见前面有个垂钓塘，里面的鱼儿"扑腾扑腾"地乱跳，大家喜出望外，我也飞奔过去租了鱼竿，买好了鱼饵，便开始钓鱼。我把鱼饵紧紧地包在鱼钩上，找了一个阴凉又安静的地方，把鱼钩远远地抛进了池塘里。

这毕竟是我第一次钓鱼，心里难免有一点儿兴奋与紧张，握在手里的鱼竿如一根滚烫的棍子，害得我手掌心里总是出汗。我目不转睛地注视着浮标，生怕它下沉了一点点而我没看见，错过了拉杆的机会。此时心想：我能钓到鱼吗？那鱼儿愿意上钩吗？这回可是"姜太公钓鱼——愿者上钩"了。一刹那，我看见浮标动了一下又沉了下去，心里欣喜万分，猛地一提竿，结果却让人大跌眼镜：鱼饵不翼而飞，什么也没有，只剩下铁着脸的鱼钩子。唉！真扫兴！但我毫不气馁，信心满满地又弄好了鱼饵，抛了出去，再拉回来的时候又是一无所获，一连几次都是如此。

我像泄了气的球，一下子蔫了，心神劳累。唉，钓鱼如此枯燥无味，不钓算了。可转念一想：也许是这鱼太狡猾了，吃完了鱼饵就"拜拜"了。于是，我便努力地安慰自己：只要有恒心、有毅力，成功就会离你越来越近！我又重新把鱼饵捏成一个小球，挂在鱼钩上，小心翼翼地扔进水里，瞪大眼睛注视着水面。

又过了很长时间，浮标快速沉了下去，我感觉到手中的鱼竿沉重了许多，立刻兴奋起来，连忙往回拉。可是，这家伙真重，怎么拉也拉不上来。我拼命地往上拉，它拼命地往下拽，鱼竿细细的身子，都弯成了半圆，还是没能把它拉上来。没办法，我只好使出吃奶的力气把它拖到岸边。"哇，好一条蹦蹦跳跳的大鲫鱼！"你瞧：它还在不安分地上蹦下跳呢？还好老师赶来帮忙把它捞了起来。"天哪！好大的一条鱼！"大家不约而同地欢呼起来。"我猜大约有八九两重。""舒云，你真棒！"听着同学们的赞许，看着我的"战利品"，我激动极了，竟忘情地手舞足蹈、眉飞色舞起来……

夕阳西下，金风送爽。收竿之际，遥望远处水岸，碧水长流，绿波荡漾，鱼儿雀跃，水鸟翱翔。心动之际，我忙将鱼篓中的大鱼抛向远处的水草之中，让它回归自然，尽享鱼水之乐……

因为我知道：垂钓不在于鱼，在于钓的乐趣，醉翁之意不在酒，也许这也是一种钓鱼的情怀吧。

无形的父爱

李剑炜

　　每天早上，我与父亲之间的告别都犹如白水一般平淡，没有更多的话语，哪怕是一个表情。

　　我们之间似乎隔着一张透明的膜，我平时基本上跟父亲说不上几句话，父亲也没有过多地去了解我的情况。

　　初秋时节，微凉的空气钻进我的衣领，让我不禁打了个冷战。推着单车，我独自走在上学的路上，看清风掠过树梢，偶尔带下几片枯叶，然后在空中华丽地飞过，旋转、凋零。天空灰蓝，使人感到压抑。脚下的树叶发出"沙沙"的声音，似乎是在为生命演奏一支华美的曲子，不过这应该是最后一曲。只有秋天特有的凄凉，才能引发我的思考。

　　我猛地摇头，试图把思绪从九霄云外收回，但目光却巧然落在不远处的树后。中等的个头，有些偏胖的身材，以至于树挡不住他的身影。越看这身影我越感觉到熟悉，那是——父亲！

我不敢相信自己的眼睛。父亲是个木讷的人，不善于表达，我亦从不期盼得到他那笨拙的爱，此时此刻，他竟会出现在我眼前。

当我下晚课放学回家的时候，父亲正坐在沙发上，跷着二郎腿看报纸，他看到了我回来，便说了一句："早点儿睡觉啊。"父亲就是这样，我没有回到家，他都不会睡觉。每晚都等我，这是父亲担心我的表现。在父亲的等候下，我忘记了独自夜行时的孤独与寒冷，因为我知道有一个人在家等我，父亲的爱，让我不再害怕夜行，父爱给了我驱散寒意的力量。

虽然父亲对我的爱没有从表面上体现出来，但他对我的爱是无形的。

"最新交通工具"

聂传奇

我们班的同学是最喜欢玩转笔的，玩到了"走火入魔"的程度。当然，我也是"转笔族"的一员。

一天，我正在家里转笔玩。转着转着，我觉得自己慢慢离开了地面。我停止了转笔，哎呀，我摔了下来！这是怎么回事呢？我又继续转笔，我的脚再次离开了地面。我转得越快，升得就越高。噢，原来，只有我转笔的时候才能飞起来呀！

在我发现转笔的秘密之后，我就一直在房间里练习，等可以熟练控制方向和速度后，我就把笔当成了交通工具——我会用转笔的方法上学和放学。因为这个方法太特殊了，不能被别人发现，所以我上学必须比别人去得早，放学必须比别人走得晚。

一个周末，我到公园去玩。在一个没人的角落，我拿出笔转了起来。随着转笔的速度越来越快，我飞得也越来越高，小鸟纷纷和我擦肩而过。忽然，一架飞机从我身后飞了过来，我听到发动机发出的"隆隆"声，赶紧上升了一百米。好险呀！差点儿"撞机"了！

我继续向上升，好冷呀，我被冻得直打冷战。这时，我看见一朵云彩上坐着一个人！我飞过去仔细一看，居然是我的语文老师，他的手里也拿着一支笔！我问老师："老师，您也会转笔呀？"老师说："那当然，我上学的时候可是转笔高手！你也是转笔来的？"我说："嗯，怎么了？"老师说："你知道吗？转笔虽然方便，但也非常危险，万一转着转着笔掉了，就会掉下去！你看，我背包里准备了好多支笔，你就准备了一支呀？"我被吓住了，问老师："那我该怎么办呀？"老师叫我别担心，他把自己的笔送了一支给我。

老师的话果然没错。之后的一天，我在玩转笔的时候，手一滑，笔真的掉了！我立刻开始自由落体，魂儿都被吓飞了！幸好我的兜里揣着老师给我的那支笔，我连忙把它掏出来使劲儿转。好险啊！多谢老师的救命之恩！

后来，老师还教了我很多躲避的技巧。现在，我可以自由自在地在天上玩耍了。我觉得笔这种交通工具既节能环保，又能健身，应该向大家推广。

我 的 老 师

周沙恒

我始终忘不了教我数学的陈老师，她像亲人，像妈妈，是她的关爱促使我不断地成长。

我的数学老师姓陈。她戴着黑框眼镜，有一头又卷又黑的短发，唯一的缺点就是身高问题，她穿着高跟鞋还比我矮，但老师常对我们说："浓缩的都是精华。"陈老师教学水平非常高，而且还十分关心学生。

上个学期快要期末考试时，天气格外的冷，不过还好有冬日的暖阳照进教室，尽管手脚冻得麻木，可暖和的阳光照在身上，一会儿就打起了瞌睡，以至于上课没有一个人举手发言。我们都以为陈老师要发火了，可是她反而心平气和地对我们说："请大家起立。"我们陆续站起来，不知道老师葫芦里卖的什么药，"用脚跺地十下，边跺边搓手。"我们尝试着，觉得老师的方法真的很灵，不一会儿，就觉得手和脚有点开始热了。然而老师却浪费了半节课的时间。事后，老师说这是值得的，因为后半节课使大家的听课效率提高了很多。

陈老师还对学生关爱有加。记得有一次，我们上体育课，练习长跑。我那天发烧了，身体非常不舒服，但又没跟老师请假，只能硬着头皮和同学们一起跑。才跑了半圈，我就觉得身上开始出虚汗，跑了一圈，我全身使不上力，重重地摔在了地上，裤子破了一个洞，脚上鲜血直流。同学们赶紧去跟陈老师说，陈老师闻讯急忙赶过来，将我扶着去医务室，还亲自帮我消毒、上药。我当时处于半昏状态，脚上的疼痛使我忘记了一切。我回去上课后，陈老师还特意特地问这问那，对我十分关爱。感受到老师的爱，我心里感到温暖极了。

我十分感激陈老师，她像亲人，像妈妈。是她给我的爱和关怀，让我感到温暖，并留下了美好的回忆。

洗　书

洪荣柳

　　幼年的记忆怎么抹也抹不掉，幼稚的做法怎么想都觉得有趣——那洗书的经历总历历在目，谈论起时总会让人发笑。虽然只是一件小小的事情，但是，细细地品味，你感受到的将会是孩提时的童趣。

　　一天，我趴在沙发上，左手拿着一只"蛋筒"，时不时地咬上一口，右手则按着一本书，津津有味地看着。我正看得入迷，连手上的"蛋筒"已融化得不成样子都全然不知。"呀！"几滴奶油不客气地跑到书中"抢占地盘"，我急忙用手一抹，更糟了，那时我焦急的心情当然不言而喻了。唉，正巧妈妈也不在家，我只能自己想办法了。

　　"怎么办呢？"我自言自语，"对了！我可以洗书，把书洗干净！"我为自己想到一个那么好的办法而感到兴奋不已，甚至还有那么一点儿自豪呢！说干就干，我在卫生间接了满满一盆水，在里面放了大半袋洗衣粉，让清澈的水变得像牛奶一样白，我才小心翼翼地把书放了进去，手还不停地搓着书。闻着洗衣粉的清香味，嘴里哼着快乐的小曲，我心里盘算着怎么把自己的"明智之举"告诉妈妈，还想着将会得到夸奖。嘿嘿，我觉得自己真是太有"才"了。

时间一分一秒地过去，差不多了，洗过的书被我从水里捞了出来。一看，傻了眼：封面的图案已看不出原来的面目，所有的纸全部粘住了，轻轻分开，书上的字已模糊不清，书侧面都成了灰堆里的豆腐——打不得拍不得。我看着自己的"杰作"呆若木鸡，哑口无言！

每每想起，我都忍不住傻笑。今天终于提笔把它记录下来，莫嫌幼稚，见笑见笑！

我 的 同 桌

毕舍笑

"真不敢相信，他竟然是我的同桌！"那个整天嬉皮笑脸、自以为是的家伙居然是我的同桌。

看！就是那个拿着扫帚一跳一跳往树上扔，把枫叶打得满地都是，再慢慢悠悠地扫成一堆的人，就是他——小小豆儿。

他长得不高不胖，像个十足的小孩儿，但也经历了十多年的生活洗礼。他已经十三岁了，不到一米四的小个子，塌塌的鼻梁，眯缝的小眼睛，什么时候都是笑嘻嘻的，成天东游西晃，处处给人捣乱，上课不闲着，下课也不闲着，是个十足的——话唠、捣蛋鬼。

"哎哟，我的天呐，你闭上嘴歇会儿不行吗？不说话没人把你当哑巴。"我不满地抱怨道。

"我就说，我就说，关你什么事，我又不是跟你说，你管不着，哼。"话音还未落，"唰"的一下，他已被我们强悍的数学老师给拎起来了。"说什么哪？"数学老师不由分说地就把他"粘"在了墙上。

这样他还不知悔改，还朝我们扮鬼脸。不要看他这么顽皮，他可是我们班的——清洁工。

虽说学习不认真，但是人家爱劳动，现在正值秋季，调皮的秋姑娘把枫叶都给打了下来，打得遍地都是。唉，真是的，为什么这里偏偏就是我们组的卫生区。

早晨刚进校门，就见他左手挥着扫帚，右手握着簸箕，走出了教学楼，"来得真是早啊"，我把眼珠子瞪得老大，反复地确认是不是他。中午一场秋雨，树叶铺了一地，像被胶水粘在了地上，只见他用手大把大把地把树叶往垃圾桶里抓。我简直不敢相信，他也会有如此认真的时候，看来是我以前看错他了，这正是他的优点。

秋风萧瑟，望着那纷纷落叶里忙碌的身影，我也情不自禁地投入到这场枫叶大战当中了。

这就是我那顽皮、烦人，但又勤劳的同桌。

成长的烦恼

马家磊

　　"小小少年，很少烦恼……"这首歌虽然唱着少年很少烦恼，但自从升入六年级后，我的烦恼算是平添了很多，连起来可"绕地球一圈"！

　　早晨6：30，闹钟"丁零零"响了起来，我将它关掉，继续做我的好梦。过了几分钟，妈妈进来了，她把我从床上"残忍"地拉起来："都几点了，还睡？""不就是6：30吗？再让我睡会儿吧！""不行！"无奈，我只好揉揉惺忪的睡眼，起了床。起床后，我走路都昏昏沉沉的，两腿无力。再看看睡得香甜的妹妹，真羡慕她。可谁让我是六年级的学生呢？洗脸，刷牙，吃饭，然后去上学。到了学校，我看见同学们个个萎靡不振，无精打采。六年级的生活，太苦！

　　晚上7：40回到家，二话不说奋笔疾书——写作业。

先攻数学，大约一个小时攻克成功。接下来要攻语文，9点多收战。此时我已经困得睁一只眼闭一只眼了，可还要复习功课，否则学习落后，你找谁？每天都要很晚才睡觉。六年级的生活，太累！

"丁零零"，考试啦！数学老师抱着一沓卷子，笑容满面地走进教室："同学们，把书本放回课桌，我来测验一下大家最近的学习效果如何！"话音未落，卷子已飞速传入我的手中。我接过卷子，眉头紧锁。再看看同学，已经做开了，能听到的只有"沙沙"的写字声。我也拿起笔赶快开始做。突然，出现了一块"绊脚石"，我写了算，算了写，终于完成了这一题，搬开了这块"绊脚石"。时间过得很快，大家都在争分夺秒，我也不例外。就在我做完的一瞬间，老师宣布收卷。六年级的生活，太紧张！

在生活中，妈妈的唠叨伴随着我："吃饭，洗手！""赶紧写作业，不要贪玩！"类似的话语数不胜数。

我的烦恼还有很多：作业多，成绩不太好……

唉，烦恼何时了！但想想烦恼并不可怕，关键看我们怎样去对待它。只要我们多一份勤奋，多一份努力，那么烦恼就会成为通向成功的垫脚石。

蛋中的父爱

龙宇翔

父爱如山，沉默而含蓄；父爱如歌，永恒而悠远；父爱如酒，浓稠而醇香。我和父亲的关系一直不算亲密，我也不怎么注意他。可近年来，我越发感觉到父爱的温暖，那是我以前未曾留意过的。

"妈妈昨晚给你煮了茶叶蛋，带些走吧！"我匆匆忙忙地吃着早餐，没工夫理会父亲，便随意地哼了几声应和着。他找来一个袋子给我装着茶叶蛋，我没有想太多："算了吧，还是不带好了，反正车篮里放不下。"听见我突然改变了主意，他僵硬地抬起了头，眼里隐着一丝失落，愣了会儿说："不带就不带吧。你吃几个好了，这是你妈昨晚特意弄的，可不能辜负了她的一片心意啊！"含着满嘴的饭，我含糊不清地应了几句："不了，我赶时间呢！还是你吃吧。"

　　饭桌上，父亲的话打破了沉默："别着急，慢慢吃，我给你剥蛋壳，吃几个蛋不会耽误太长时间的。"正当我打算又一次任性地拒绝时，他已将剥好壳的茶叶蛋放在了我的碗里，关切地说道："吃吧！不会迟到的。"

　　我望着饭碗里躺着的那枚茶叶蛋，看着这份不能回绝的礼物，顿时，油然而生出一种说不出的滋味。是苦涩的？是甜蜜的？是温暖的？是感动的？都有吧！这么多年来，我和父亲朝夕相处，却从未留意过那粗犷的父爱。其实，他对我的爱很普遍，满布在生活中的各个方面，可我不够细心，从未察觉，也从未珍惜过。

　　恍然间，我忆起了每天早晨他会给正熟睡的我盖好被子，当我作业多而做到深夜时，他会在一旁以扫地的方式等候我……那一刻，我的眼睛模糊了。随着我的不断成长，父亲在一天天衰老，可他对我的爱却如酒一般，日子越长，越发珍贵醇香。

　　我拿起筷子，夹起茶叶蛋，一口一口地咬下去——真好吃。唇舌之间，包裹着浓浓的父爱，久久不能散去，一直蔓延到我的心房，暖暖的。

较真的老爸

陈 信

爸爸工作的地方有琳琅满目的商品，不仅多，而且品种齐全：食品、饮料、日用品、香烟……小时候，我特羡慕爸爸，总觉得，只要他想要什么，伸手从货架上拿就可以了。你一定猜到了——我爸爸是开超市的。

爸爸的超市在我们鲁港这边知名度很高，因为他的信誉顶呱呱。爸爸对超市的运营要求很严格：供货单位要正规，产品要好，否则爸爸是不会收货的。除了平时的业务洽谈，店里的大小事务也都由爸爸亲自处理。工作再忙，他都会定期排查存货的产品日期，把临期产品及时下架。他说：健康是大事，不能为了挣钱而损害老百姓的健康。有一次，爸爸把仓库里的几百瓶果汁倒掉了。我觉得可惜，爸爸却说："过期的东西，宁愿折本也不卖！"

爸爸的认真劲儿在小区里出了名。他公开宣布：本超市不卖假货，如发现假货，假一赔十。超市出售的整条香烟都要贴上店里的专属防伪标贴，如果店里的员工怕麻烦，没贴标贴就把烟卖了，被爸爸发现，不但要挨骂，还要从重罚款。所以，周围的人都愿意到我们家的超市买东西。

说到"诚信"，大家都懂：诚信就是诚实守信。我的名字就出自这两个字——爸爸姓"陈"，我出生的时候，他就想好给我取名叫"陈信"，和"诚信"谐音。爸爸笑着对我说："每次喊你的名字，我都在提醒我自己，做人做事一定要讲诚信。"

太小的时候，我不太明白爸爸口中的"诚信"到底是什么意思，现在，我长大了，才真正懂得了这两个字的意义：说老实话、办老实事、做老实人。谢谢爸爸，我会受益终生的！

这一站，亲情在传递

邓晓彤

如果你是树叶，亲情便是那供你源源不断养分的枝干；如果你是船帆，亲情便是推你不断前进的海风；如果你是夜行者，亲情便是照你寻找方向的星光。是的，不管你是什么，亲情必定是你的依靠，你的依恋，你的期盼。这一站——亲情在传递。

面对失败和挫折，亲情是一剂良药，填补我失落的心，让我重整旗鼓。这一站，亲情传递的是勇气。

从小我在班级里就是一个品学兼优的孩子，每次考试轻轻松松就能得前三名，因此从小我在家里一直是父母的骄傲。但是自从上了六年级，情况就变得有些不同了。虽然我还是和以前那样按部就班地学习，但一次期中考试，我一落千丈，在班级里考了二十多名，当我知道我的考试成绩时，我羞愧难当，觉得全班四十多双眼睛一直在盯着自己，平时那种高高在上的感觉早已荡然无存，一整天我没有走出教室一步。晚上我回到家里，也没有吃饭就在书房里写作业。但是当妈妈知道我的考试成绩的时候，并没有批评我，只是心平气和地对我说："一次跌倒算不了什么，怕的是你跌倒了永远起不来！你知道吗？当你自己在休息的时候，别人还在奔跑，所以，这次考试就是一个警钟了。你应该知道下一步应该做什么了吧！"我默默地点点头，眼泪从脸颊上淌过，我想：我并不比别人差，我一定会努力，让妈妈再为我骄傲，于是，我带上妈妈对我的期盼，开始努力学习，成绩也在一步步地上升。

面对赞扬和荣耀，亲情是一种鞭策，打破你那虚无的梦，促使你不断进取。这一站，亲情传递的是警示。

在小学发生的一件事至今让我记忆犹新。那天走廊洁白的墙壁上留下了一个黑黑的脚印，不知是谁踢的。于是老师把我叫到了办公室里，问那个脚印是不是我踢的，我说没有，但老师却说有同学看到是我踢上去的，我百口难辩。回家委屈地和妈妈说了，妈妈听完后语重心长地对我说："世界上最宽广的是人的胸怀，只要你知道你没有做这件事，就不要管别人怎么说、怎么看。"第二天，妈妈来到学校，拿着我那天穿的鞋先做了一番细致的考察，然后向老师把事情讲明白了。在课堂上，老师当着全班同学们的面向我道了歉，我的眼圈立刻红了，所有的委屈立刻化为乌有，有生以来第一次感受到了母爱的伟大。

亲情是雨，带走烦恼，留下清凉；亲情是风，吹走忧愁，留下愉快；亲情是太阳，带走黑暗，留下光明。亲情是最伟大的，不管你是快乐、幸福，还是痛苦、彷徨，它永远在你的人生路上传递着信念。

当值日班长的那天

冯心凌

今天我是值日班长。

"丁零零——"自习课的铃声打响了，只听班长一声呵道："值日班长上讲台。"我一愣，赶紧收好自己的作业。在心里数着："1，2，3……"我终于鼓起勇气站了起来向讲台走去。教室里是那么安静，能听见自己"沙沙沙"的脚步声，能听见自己的心跳声。

上了讲台，一转身，我发现自己站得好高，同学们坐在下面黑压压的一片，几十双眼睛看着我，我的腿发麻了。

大家在认真做作业，我本来应该高兴有这次锻炼的机会，可惜刚"上岗"就干这么重的活儿。

同学们按捺不住，自习刚上没多久，就有人小声说话，我意识到我要制止，这是我的责任。我清了清嗓子，冲着全班喊了一声："安静!"这"河东狮吼"一般的声音是不容违抗的,我为自己能发出这样的命令而高兴和自豪,也被自己吓了一跳。我终于有了勇气,这勇气里更带着责任,

"丁零零——"自习下课铃响了,经我一声吼,同学们无一人说话,这次的锻炼,使我感到自己成熟了许多,长大了许多,在这一天里,我学到了好多东西。

事情已过了几个月,直到现在,我也为"值日班长制"叫好,它不但能锻炼自己的能力,同时也会增强个人责任感和集体荣誉感。

如有人问:"小学时代最难忘的是什么?"我当然会不假思索地说:"第一次当值日班长。"

这也是一堂语文课

李少君

雨后，乡间的小路变得泥泞起来，地上随处可见一面面"镜子"，洁净明亮，倒映着一碧如洗的天空。世界仿佛被水洗过一般，变得那样干澈、澄澈，给人一种宁静、祥和之气，使我的心也沉静了。

泥土的气息与青草的清香在空气中弥漫着，浸染着我身上的每个细胞。

我停下脚步，轻轻地、静静地驻足于那片草地旁边。草与以往一样，挺直了腰杆。几斜雨后的阳光，轻盈地洒落于眼前这碧绿的草丛中，发出闪闪发亮的光芒，如嫩叶上点缀着颗颗宝石。几缕自由的春风，温柔地抚摸着它的小脸蛋儿，小草莞尔一笑，使劲儿地抖着身上的水珠。尽管这水珠还抖不完、扭不尽，尽管还是那么星点闪耀，可是它呀，就是这般可爱，这般风度招人！

走近看着小草，感受着它的可爱，这是平凡得不能再平凡的小草，却让我独恋。只要足够近，我就能真切地感受到它的生机。我仔细打量着——小草的茎是空心的，像空心菜一般，从卷成筒形的嫩叶小管中，几片新的嫩芽抽了出来，许多新芽就这样源源不断地冒出，伸出小脑袋瓜，打量着这新奇的世界。贴近吧，再贴近吧，你能感受到它们生命拔节的声音，是那样富有动感。那是草，却绝不是普通的草，而是充满了活力与生机的草。

　　起身远眺，眼前一大片一大片满是淡绿色的草儿。置身于这可爱的草色之中，我忽然想到了韩愈的名句"天街小雨润如酥，草色遥看近却无"，只觉此情此景实在诗意。"乱花渐欲迷人眼，浅草才能没马蹄""野火烧不尽，春风吹又生""青草明年绿，王孙归不归"……诸多诗句涌上心头。几百年前，许多文人墨客都面对草色，挥洒泼墨，让俊秀的诗篇从此永留青史。我突然觉得我好幸福，沐浴在相同的草色之中，我竟能同古人一样感受到小草的魅力。

　　小路越发地泥泞起来，只能踏草而行，我的心突然震颤起来：身后被我踩过的小草倔强地直起身来。草的经历何其残酷：呼啸的狂风，吹得它摇头晃脑；狂烈的暴雨，击得它折腰残身；无数的大脚，踏得它体无完肤。虽是如此，但草仍以一种豪情壮志向生命呐喊。恍惚间，我仿佛听到了贝多芬的琴声：双耳失聪依旧坚持创作；仿佛看到了越王勾践身影：卧薪尝胆，最终成就了"三千越甲可吞吴"……

　　路已到尽头，草香伴着和煦的微风，悄悄地飘洒大地，无声无息地滋润着我、影响着我，一如语文课上的潜移默化。

秋天的色彩

韩刚建

微凉的风，无声无息地被挡在门外，无法进入门内的
世界。直至门内的人透过窗户望见了门外的几抹金黄，才
发觉到了什么。秋，原来果真是金色的，并不逊色于春的
翠绿。不过，那是一袭轻纱般的美梦，飘过身畔，随后便
被白雪所替代……

秋天真是个令人伤感的季节。当秋风吹过，湖岸两
旁树木上枯黄的叶子便开始落下，让人不由得生出几缕感
伤。此刻，我的心境也随着飘舞的落叶不断地发生着变
化。生命的无奈、成长过程中的酸甜苦辣在这一刻统统涌
上心头……

咦！那边是谁还在固执地穿着翠绿的春装？哦，原来
是四季常青的松树呀！它的叶子就像一根根深绿色的小小
绣花针，密密麻麻的。看着看着，我不禁浮想联翩，如果

要是能把它们摘下来，是不是就可以回家去缝我那美丽的花衣裳呢？

　　向左看去，眼前居然是一片绿色的海洋！哦，原来是竹林。竹子的叶子像一支支嫩绿的小舟，两头细，中间粗，翘翘的，绿绿的，真的好有趣啊。这时，一只黄色的蝴蝶"从天而降"，落在我的肩膀上。原来是一片杨树叶在向我告别，它像是在说："明年春天我们再见。"银杏树也不甘落后，它们扬起金黄的扇子，在秋风中翩翩起舞；但我还是最爱火红如玛瑙的枫叶，一片片树叶仿如一只只火红的鸟儿，站在浅灰色的树枝上飒飒地歌唱。秋风拂过耳畔，带来了它们悦耳的歌声，真是令人惬意。

　　俯下身，捡起那片片或红或黄的落叶，我的心里又多了一层感触：所有的生命都必须经过沉淀后才有厚度，叶子的掉落其实是对生命的完整阐释。落叶纷飞，只是为了完成生命的沉淀。

　　啊！秋天，我爱你的色彩，爱你的美丽优雅，更爱那些像蝴蝶一样纷飞的树叶！

我学会了诚信

李晨轩

每个人都有难忘的事，这些事或酸、或甜、或苦、或辣。在我心底，至今都深深埋藏着那个刻有"诚信"二字的鸡蛋，它时刻提醒我要做一个诚信的人。

记得那天下午，妈妈要做蛋炒饭，可是家里没鸡蛋了。妈妈拿了二十元钱对我说："轩轩，你去楼下买十个鸡蛋吧！"作为吃货的我，为了能早点儿吃到香喷喷的蛋炒饭，拿了钱就飞快地跑了下去。到了商店，我左右看了看，都没看到那个总是满脸笑容的老板娘，我喊了几声，还是没人应答。我等了一会儿，还是不见人来，于是走进商店找了个板凳坐了下来。

忽然，我的目光落在了墙角的那筐鸡蛋上。顿时，我心跳加速，不安分的想法从心底冒了出来。我的手颤抖着伸向鸡蛋筐，我感觉脸上火辣辣的，心怦怦直跳。很快，一个又大又光滑的鸡蛋就被我藏在了口袋里。

　　不一会儿，老板娘来了，她看见我笑眯眯地说："你又来帮妈妈买东西啊！真是个好孩子！要买什么啊？"听了老板娘的夸赞，我不禁低下了头，一只手揪着衣角，一只手指了指鸡蛋。很快，老板娘就给我装好了鸡蛋。我接过鸡蛋，递过钱，扭头就跑。不！应该是逃，逃离这个令我胆战心惊的地方。

　　刚逃出商店，心里暗暗松了一口气，身后突然传来老板娘的声音："哎，那个买鸡蛋的小姑娘，停一下……"我心想：完了，该不会是被发现了吧！这可怎么办呀？我慢吞吞地挪动脚步转过身，吓得头也不敢抬，结结巴巴地说："怎……怎……怎么了？"老板娘递过来几元零钱，满脸笑容地说："小姑娘，你怎么这么马虎啊，还没找你钱呢，你回家怎么向你妈妈交代啊？"顿时，我面红耳赤，一只手接过钱，一只手从兜里掏出那个偷拿的鸡蛋，哽咽着说："老板娘，对不起，我……我多拿了一个鸡蛋。"那个被我捂得发热的鸡蛋此刻异常刺眼，好像在嘲笑我的不文明行为。老板娘笑着把我手中的鸡蛋推了回来："你还是孩子嘛！不要紧，知错就改就是好事，可不能再有下次了，这个鸡蛋就当我奖励给你的。""嗯……嗯，我再也不敢了。"我低着头，满脸羞愧，恨不得找个地缝钻进去。

　　回家的路上，我的心情久久不能平静。老板娘奖励给我的鸡蛋，此刻正安静地躺在我的手中。看着那个鸡蛋，我眼前又闪现出老板娘那挂满笑容的脸。

　　在那个平凡的下午，一个小小的鸡蛋让我懂得了做人的真谛——诚信。

种植阳光

酒 不 醉 人

舒雨程

六七岁时，我一直住姥姥家。一起生活的，还有舅舅。舅舅没别的爱好，就爱喝酒，顿顿不离。平时没事儿做了，也会从橱柜里翻出一瓶，倒上一小杯，美滋滋地品上一番。

一开始，我只是有些好奇：舅舅恋着酒不放，酒应该比冰淇淋好吃多了，那它有蛋糕、薯片好吃吗？那天舅舅感冒了，有点发烧，姥姥劝他别喝，他却一本正经地讲："没事，酒是补品，能治百病。一杯下去，清凉去火；喝上两杯，全身舒坦；三杯进肚，飘飘欲仙……"眉飞色舞的他，刚刚的不舒服似乎真的消失了耶，我也想快活似神仙呢！

姥姥看出我的心思，但她严词拒绝了我的请求。我又涎着脸找舅舅，但他没理我——姥姥是他妈，为我顶撞亲妈，犯不着。越是被拒绝，我对酒好奇的小火苗越是在心里扑腾得厉害。于是，我经常趁姥姥不注意，屁颠屁颠地跑向橱柜，努力伸手去触摸柜门的把手。令人沮丧的是，每次都还差那么一点点。好在这小小的挫折并没影响我喝酒的决心，我仍苦苦寻找着机会。

那个黄昏，拿出酒后才发现还没端下酒菜，舅舅就把酒搁桌上，转身回后院里的厨房。他不知道，墙角后早偷偷探出一个小脑袋，眼睛里还闪着狡猾的光芒。对，机会来了！我忙闪到桌前，笨手笨脚地扭开瓶盖，泼泼洒洒地倒出半杯，眼睛还战战兢兢地四下张望。

现在，我郑重端起了酒杯。学舅舅的样子，先凑到杯前闻一闻——感觉有点呛；再稍稍举高一点，定睛细看——是的，白酒。我梦寐以求的品尝就要实现了！抑制不住的狂喜，让我心潮澎湃：头一昂，这半杯"美味"被我一饮而尽。

"妈啊！麻麻啊，着火啦……"几乎同时，我的号啕声铺天盖地。这可是货真价实的白酒，那满口的辛辣，直冲肺腑。不一会儿，我的脸变得火辣辣的，耳朵热烫烫的，头也开始轰隆隆的……站不稳了啊，眼前的桌子凳子全晃了……舅舅什么时候来的？他的脸怎拉长了，变大了？他说话的声音也模糊不清，像从不知多远的地方飘来又飘去……酒这么个坏东西，舅舅咋那么喜欢的？

蒙眬中发现舅舅拿毛巾摁在我的额头上，满脸的心疼——真不知他是心疼我，还是心疼酒。"舅舅骗人！酒根本就没你说得那么神！以后再也不喝酒了……"估计还没抗议完，我就倒下睡了。

　　一晃，我都初中生了。记忆里，那醉人的酒却依然清晰。

一起走过的日子

吕琳瑶

有人说校园生活是丰富多彩、绚丽多姿的；也有人说是单调枯燥、凝重呆板的，可我却觉得它是刻骨铭心、终生难忘的。它仿佛融入了我的血液，渗进了我的呼吸，随着我的心脏一起搏动。每每说到校园，我的心中总会荡起一片波澜，那一幕幕精彩的校园生活又会在我眼底清晰地浮现……

晨钟敲响，我们从混沌中惊醒，空白的大脑里逐渐有了一个强烈而清晰的意识，新的一天又开始了。睁开蒙眬的眼睛，强忍着瞌睡，用崭新的姿态迎接新的一天。

早读课上，我们尽情朗诵，嘹亮的读书声回荡在教室上方。我们在知识的海洋里尽情地遨游……我们一次次地扬起希望的风帆，挣脱瞌睡的绳索，追随着初升的朝阳，我们对自己说："飞吧！"

早餐时，我们排着整齐的队伍进了食堂，那散发着阵阵香味的清粥，那看着就让人垂涎三尺的蛋糕，让我们忘记了学习的压力，忘记了一切烦恼。

上课了，看，我们有时会全神贯注、集中精力，"两耳不闻窗外事，一心只读圣贤书"；我们有时会暗暗较劲，你追我赶；我们有时也会蓦然回首，惊觉那人却在偷偷打盹中……终于铃声如胜利的号角般吹响了，部分同学那写满困倦的脸庞终于又燃起了鲜亮的笑容，同学们的心灵再次苏醒，很快他们便融入到那快乐的课间十分钟去了。

就这样上课下课，就这样日复一日，就这样迎来了期中考试。考场上静得吓人，只听见"沙沙沙"的写字声。

考试后，或悲或喜或悔……回到家中，或大红大紫，重重嘉奖；或责骂不已，喋喋不休……

在这里，我们想过放弃，但最终还是坚持了下来；在这里，我们也曾灰心过，但最后还是找到了希望；在这里，我们洒下了汗水，我们播下了希望的种苗；在这里，我们一起成长，一起欢笑，一起流泪。因为有你，同学，我不会孤单；因为有你，老师，我信心倍增；因为有你，学校，我走向成功！

难忘的草原之旅

徐　旺

马背上的天堂，神鹰下的故乡。祭马酒、祭敖包、围篝火……绿波千里、一望无垠。呼伦贝尔——中国最美丽的大草原、中国最宁静的避世净土，我向往已久的地方。

今年八月，我们一家有幸和海门市户外运动俱乐部驴友一起向呼伦贝尔大草原进发。我们一路向北，经过了两天的奔波，终于来到了一望无际的大草原。

汽车行驶在草原的公路上，放眼望去，满眼都是碧绿碧绿、湛蓝湛蓝，碧绿的是草地，湛蓝的是天空。一边听着优美的草原歌曲，一边欣赏着美不胜收的风景，多么的惬意！草原上牛羊成群，或低头默默地吃草，或三五成群地玩耍，骏马在自由驰骋，一望无际的草原是它们的王国。看着这一切，我顿觉胸襟开阔，所有惆怅都抛到了九霄云外，不禁伸出双臂大声欢呼起来。"敕勒川，阴山下，天似穹庐，笼盖四野。天苍苍，野茫茫，风吹草低见牛羊。"多么美的一幅山水画啊！

　　草原的美景真是美不胜收！我们来到了金帐汗，戴上了洁白的哈达，虔诚地祭奠了敖包。从高处眺望中国第一曲河——美丽的莫日格勒河，那是蒙古草原的母亲河，弯弯曲曲的小河如同仙女的腰带，时不时有马儿跨越小河，增添了几分生机。我们坐车来到了临江——一个美丽富饶的小镇，与俄罗斯只隔着一条额尔古纳河，我们品尝着当地的特色菜肴：油亮的烤全羊、俄式宅肉、羊肉串、羊奶，真是大饱口福……

　　呼伦贝尔草原行，我还经历了许多的第一次：第一次喝羊奶，第一次骑马，第一次挤牛奶，第一次近距离来到中俄边境看到界碑，第一次被蚊子咬得伤痕累累，第一次欣赏到这么美的风光……

　　风景是美丽的，记忆是深刻的，回忆是快乐的。

圣诞老人去哪儿了

陈怡玲

他穿一身喜庆热情的红衣服，须发雪白雪白的。深蓝色的双眼炯炯有神，笑容可掬地托着个鼓鼓囊囊的大礼包向我们走来。哦，我亲爱的圣诞老人又来了！

每个圣诞节我都要给他写信。

七岁时我给他写了第一封信，希望他送我一架古筝。可是过了不久收到的却是小精灵的回信，说天气太冷、路途太远、古筝不好搬，留给我一包钱让妈妈带我去买，还让我别告诉圣诞老人，说这样自己会挨批的。嘿嘿，真偷懒的小精灵！我快快乐乐地跟着妈妈去琴行，挑了自己最喜爱的古筝。

八岁时我写信给他说想去美国玩，并问他是怎么穿过窗户的。得到的回答是，他有秘密魔法！他回信说现在去美国一趟又得马上回来很不划算，又说等我发表了好多作文，就会邀请我去美国。信末叮嘱我不要告诉别人，要不他会破产的！我心里喜滋滋甜蜜蜜的。妈妈却说，等我长大了，圣诞老人可能就不会给我写信了，因为我是大孩子了，他只会给小孩子写信的。

九岁了，我写信向圣诞老人讲述我的成长故事。不久，圣诞老人回信说我古筝弹得好，作文发表了不少，奖励我一件一千多元的羽绒服。那可是我和妈妈前几天在锦江百货看中的衣服呀！我高兴得难以自制，跟同桌说起这个事。同桌吃惊地问："你难道不知道吗？圣诞节的礼物是我们的爸妈给准备的！"

我虽然听过这个说法，但还是很失落。要知道芬兰真的有一个圣诞老人呀！更重要的是，我是看童话长大的孩子。我不愿相信世界上没有圣诞老人，没有小精灵，没有童话！可为什么只有我收到了礼物，其他人没有收到呢？为什么当我对同学说这是圣诞老人送给我时，他们总不相信呢？为什么我兴高采烈地跟爸爸说圣诞老人送我礼物时，他总是看着妈妈笑？

我同桌说得是对的，可是我真的不愿揭穿这个美丽的谎言，但我也不愿一直被蒙在鼓里，做一个什么也不知道只相信童话的傻宝宝。

那天晚上，我装作随意地问妈妈："妈妈，我同桌说圣诞老人就是爸爸妈妈假扮的？"妈妈为难地笑了笑，定了定神说："是，我就是圣诞老人，圣诞老人就是我！"

尽管早料到会是这样子，可我真的很伤心。圣诞老人去哪儿了？圣诞老人在我的童年里将永远消失了！

但是我不想去怨妈妈，或许世界上所有假扮圣诞老人的爸爸妈妈，都想给孩子一份神秘的爱，一份来自童话世界里充满无限遐想的爱！童话里的圣诞老人消失了，但现实中的"圣诞老人"却会一直陪在我们身边！

我的周末爸爸

佟佳森

我爸爸是啤酒公司的驻外销售人员。一年前，他还是"周末爸爸"——一周可以回家一次；现在，由于工作调动，他一个月才能回家一次，成了名副其实的"月末爸爸"。他很少有时间陪我和妈妈，但只要我过生日，他一定会想方设法回家陪我。所以，每年我早早地就开始盼望过生日了。

因为爸爸的工作很辛苦，所以他有时候脾气不好，没什么耐心，总是和妈妈吵架，吵得还很凶呢！其实很多时候，妈妈也是担心他的身体呀，因为他总是出去喝酒，时常喝得酩酊大醉。

唉，我知道，爸爸工作的主要内容是跟其他啤酒厂和经销商沟通，要打通方方面面的环节。可为什么打通环节必须喝酒呢？在我的印象中，每次爸爸回家高高兴兴地说

"又搞定一个大单"这种话时，他身上流露出来的除了喜悦，还有一阵阵浓浓的酒气。难道不喝酒就不能"搞定大单"了吗？

每当爸爸喝得不省人事，"搞定大单"之后，就开始没日没夜地帮助经销商制订销售任务和促销方式。有时候，他虽然回家了，但天天都要工作到深夜，促销计划改了又改，真是"字字心血"啊！

我很矛盾：一方面，我知道我们现在富裕的生活是爸爸辛苦工作换来的；另一方面，我真的很想让爸爸多一点儿时间陪我。他要是再不陪我，我就上五年级啦！我也会很忙，没时间陪爸爸的！

说虽这么说，无论爸爸是从前的"周末爸爸"，还是现在的"月末爸爸"，我和妈妈都会永远爱他！

男儿当自强

戴艺海

当懵懂的童心还沉浸在捉鱼摸虾、做泥娃娃的喜悦中时，我就被早早地送进了小学喧闹的校园，那河畔嬉闹的笑声还在河堤上萦绕，琅琅书声又从白墙绿树的校园响起。

刚读小学的我，不懂阿拉伯数字，也不懂加减乘除，在我的眼中满是迷茫疑惑，为什么枣树下的蚱蜢、水稻田里的青蛙卵一下子摇身变成了一排排小蝌蚪呢？变身就算了，还偏偏不如蚱蜢、青蛙一样鸣叫……自然，成绩的红灯笼高高挂起。

上学伊始，我就被扣上"后进学生"的帽子，其实心里也没什么过意不去，毕竟那时尚不知"95"和"59"有什么区别，只是抬眼望见妈妈眼神中的那一缕忧愁，感到我应该努力往前赶，把令人羡慕的红奖状捧回家，让妈妈和邻居大婶一样，脸上能笑开花。"好雨知时节"，说来就来，老师对我发飙了，要我每天放学后留下来把当天学过的课文背下来，在全班同学的哄笑声中，我惊得目瞪口呆，看来就是到晚上，也不能吃上妈妈的午饭了。那个下午，我啃着书本，一个人在空荡荡的教室里，望着回家的同学一个个远去的背影，恨不得拿起一块石头，砸破老师办公室的窗户，然后拎起书包，飞快地跑回家。最终，我被老师释放了，但条件是明天必须背完那一篇课文。我飞奔回家，等待我的是站在老槐树下望我回家的妈妈……

夜悄然深了，早出晚归的爸爸回来了，妈妈对爸爸说了我今天被留校的事，爸爸只是看了我一眼，什么也没说，我抱着侥幸的心理凑上去问："妈妈，明天下午放学时，你去接我吧！接我，老师就不会留我了！"我带着希望的眼神望着妈妈，爸爸一听到这话，双目圆睁，怒视着我，吼道："什么？接你？读书不行，还敢要人接？我还真希望老师留着你吃晚饭哩！我看谁敢去接，你妈妈接，我要打断她的腿！"听完这一席话，我默默无语，心知逃避已是不可能的，那晚，我梦见了自己捧读课本："床前明月光……"

从那以后，爸爸的强硬让我只能自寻办法。下课的时候，我手拿着书本，或坐或站，或读或背，皇天不负苦心人，太阳还是和以前一样东升西落，但成绩却一路向上升。那一学期，我是我们班第一个将整本语文书背完的学生。在考试成绩出来的那一刻，我看见了老师嘴角上的那一抹最动人的笑意。

在回家的路上，我双手捧着奖状，一路狂奔，惊得鸡飞狗跳。我飞回家里，幸福地扑进妈妈温暖的怀抱……

以前我总抱怨父母、老师太苛刻，觉得自己是世界上最痛苦、最糟糕、最没用的人，直到那天我才真正理解父母、老师的良苦用心；我惊喜地发现，原来自己并不傻，通过努力，可以摘掉"后进学生"的帽子，还可以被评为优秀学生。

医院中的文明

刘凯文

　　文明，似一阵春风，拂去我们心灵的"污渍"；文明，似一张笑脸，深深刻在每个人心间；文明，似一盏灯，虽然微弱，却照亮了人们前行的道路。

　　那是平凡的一天，阳光晒在脸上，暖洋洋的，很舒服。妈妈与我和弟弟，迈着轻快的步伐，来到了医院，为了给弟弟打针。一进门，我便"倒吸一口凉气"——带小孩儿来打针的人，还有来看病的人坐满了医院的长椅，密密麻麻的。有大人训斥小孩儿的声音、有老人的咳嗽声，还有小孩子的哭闹声，让人听了很不舒服。好不容易走了一个病人，该到下一个了。这时，一位叔叔对一位老人说："您先看吧！"当人们听到这句话时，都不再喧闹，倾听着他们的对话，老人摇摇手，目光坚定地说："这怎么行呢，做事讲究一个先来后到，你在我前面，自然是你先看！"正当这位叔叔和老人你一句我一句地互相推辞时，门"啪——"一声敞开了，大家好奇的目光都聚集在了门口，只见一位妇女抱着孩子，火急火燎地跑了过来，当她看见医院里那许许多多的人时，眉头紧皱着，不安的心情涌上来，躺在妇女怀中的孩子脸通红，像个霜打的茄子一样。大家一看，都围了过来，其中有一个人说："孩子病得这么重，快，你先看吧，我们都可以等一会儿的。""是啊，是啊！"大家附和着说："你先看吧，别加重了病情啊！"这位阿姨说："我……"妈妈见阿姨不好意思，便说："人这一生，遇到困难是难免的，但也会遇到好心人，今天你遇到了困难，我们大家都会帮你的，你就先看吧！孩子的病情要紧啊！"这时阿姨的眼眶湿润了，也许是因为太为孩子担心了吧！最后，她用哽咽的声音说："谢谢你们！"这时，我的心如同波涛一样翻腾着，感悟如同贝壳被那一波波海浪涌上"岸"来：文明啊！你是那么美丽、迷人，你净化了人们的心灵，让这世界充满爱与幸福，让人们手拉手，心连心！

其实，世间处处充满了文明，只要你用慧眼仔细观察，用心去感悟，便能发现，文明一直都在你的身边。

勇　气

林茂林

　　人生就像银河，充满了奇妙，充满了曲折，让人怀念，更让人难忘！而正是这一件件难忘的往事，给人永恒的记忆，催人奋进。

　　阳光像春天那样明媚。操场上，同学们一个个像欢快的兔子，活蹦乱跳的，忽然，一阵清脆的哨声传来，同学们聚集了起来，组成了浩荡的"蛇"形队伍——冬季运动会正进行得如火如荼！跳远、跳绳、投铅球等项目结束以后，男子一千米赛跑马上就开始了！我和其他赛手们跃跃欲试，都想以最快的速度第一个冲向终点。终于，"啪"的一声枪响，我们似脱缰的野马，迅速地冲了出去。经过几分钟的你追我赶，在同学的加油声中，我和两名对手已脱颖而出。然而，就在终点在望时，突然，脚下一绊，身体失衡，似滚下山坡的兔子，我重重地摔在了地上。回头看见其他对手离自己还有一大截，如果那时我能立即爬起来继续跑下去，获得前三名肯定没问题，但我却趴在地上纹丝不动，竟只对那块绊倒我的石头感到那样气愤！结果是我与奖章失之交臂。唉！此时我觉得自己很可笑，如果我能站起来坚持跑一小会儿，最起码能夺取最后一名的"桂冠"啊！我想，以后无论做什么事都应该坚持不懈，不能因为一点点小挫折而放弃自己前进的方向，要有勇气面对挫折，有勇气站起来继续前进！

一个人有勇气是非常重要的。记得有一次，我和哥哥在小溪边玩耍。过了一会儿，我们发现对岸的景色更加生机勃勃，但到那里去必须越过这条小溪，小溪中有一些石头露出水面。哥哥小心地踩着石头，一会儿的工夫就到了对岸，而我呢，站在原地犹豫不决，不过去就不能和哥哥一起享受美丽的景色，但要过河可能会湿了鞋……最终，尽管只是一条又窄又浅的小溪，我还是因为没有勇气而放弃了对岸的风景。这虽是一件童年往事，但它告诉我只有鼓起勇气，才会获得另一番美景。

可惜世上没有后悔药，为了不后悔，我一定要满怀勇气，勇敢面对生活的挑战，去抵达理想的彼岸。

创极速光轮

季又礼

假期，我和表姐随妈妈乘坐11号线地铁去了梦寐以求的上海迪士尼乐园。安检入园后，我们取了游园指南，我和表姐发现"明日世界"这个园区里有很多惊险刺激的游玩项目，于是趁妈妈排队领取"飞跃地平线"快速通行证的间隙，把包存入寄存箱后，便加入了"创极速光轮"的排列队伍。

早就听说"创极速光轮"是速度最快的过山车之一，它虽然不是很高，但飞驰而过的车子居然有一段是头朝下，完全颠倒过来的，想想就刺激。现在看到飞速的"创极速光轮"，听到人们刺耳的尖叫声，本来还信心十足，想挑战一下的我，一下子紧张起来了。可胆大的表姐却很有兴致，激动地拉着我说："真刺激啊，真想赶紧上去体验一把！"

好不容易，终于排进了有空调的室内，我发现里面人山人海，有大人，也有和我们一般大的孩子。我稍稍松了一口气，开始打量周围的环境，还真是高科技啊，巨型穹顶呈波浪状起伏，极速光轮在身边呼啸而过，我们仿佛进入了摩托车赛场，里面有两扇门供人选择蓝队或红队，悬挂着的屏幕播报着安全事项，墙上"胜者为王，败者为寇，你会是哪个？"的标语十分醒目。我和表姐最后选择了蓝队。

随着队伍的逐渐前移，我越来越紧张，表姐似乎也有些不对劲，紧紧拽着我的手，可她嘴上还在不停地安慰我："没事的，别害怕。"她的安慰丝毫没有消减我的紧张，我手心里早已攥满了汗水，身体也开始有些颤抖，感觉每往前挪一小步，害怕和恐惧就加重一分。

过山车终于停在了我们面前了，而我的脚却像灌了铅似的怎么也挪不动。表姐陪着我等了两辆车，我战战兢兢的，实在没法战胜内心的恐惧。不得已，工作人员把我送了出去。勇敢的表姐没有放弃，她选择了挑战，成功地坐上了惊险无比的"创极速光轮"，真是令人敬佩。

希望下次我能战胜自己，像表姐一样勇敢。

出发吧，文具家族

李婷宇

"下定决心了，出发去东北大森林！"铅笔爸爸说道。"那里有什么好玩儿的吗？"橡皮宝宝疑惑地问道。"当然了！"铅笔爸爸解释道。于是，整个文具家族出发了！

他们来到了铅笔盒机场，买了四张机票，乘坐着铅笔盒137号出发了。"哇！白云，太美了！""小声点儿，这可是在飞机上呢！"

两个小时后，目的地到了。橡皮宝宝来到果林，口水早就流下来了。好奇的蓝笔妹妹说道："爸爸妈妈，这里有什么样的山果子啊？"红笔妈妈说："有山里红、山葡萄……"咦，橡皮宝宝去哪里了？不用说，一定是开吃了。果然，橡皮宝宝早就吃撑了，一摇一晃跟个醉鬼似的向他们跑去。铅笔爸爸只好背上他。红笔妈妈说："我们去吃野枣吧！那是最好吃的山果子！""啊！我光吃山里红了，没有吃野枣！"橡皮宝宝后悔地说。大家只好不管他了，谁叫他那么心急呢？不过毕竟是一家人，就给他带点儿野枣回来吧！

黄昏真美呀！可是晚上怎么办？大家纷纷想着要如何过夜。只有铅笔爸爸平静地说："没事，我带帐篷了。"不愧是铅笔爸爸！

第二天返回。虽然有点儿不舍，不过还是要出发！"我相信这是最棒的旅行！""野枣果然好吃。""下次一定会再来东北大森林！"铅笔爸爸说："对，明年我们还来，冬天更有意思。"说着说着，他们看到了修正带鱼怪。"怎么办？我们没有制伏它的武器呀！"蓝笔妹妹担心地说道。"没关系！放心吧，我有办法！"一会儿，铅笔爸爸拿出一筐鱼，说道："修正带鱼怪爱吃鱼，大家来帮忙，把鱼扔到那边去！""好的！"大家异口同声。果然，修正带鱼怪上钩了，文具家族安全了。团结就是力量！

文具家族终于到家了。此刻，文具家族的成员们一定在想，明年去看看冬天的东北大森林，但是还会像这次旅行一样开心吗？还会像这次旅行一样有趣吗？真让人期待呀！

萌狗的自述

蒋康诚

　　大家好，我是一只有着大耳朵的泰迪。我的名字很有趣，叫作"麻将"，听主人说，我刚被送到主人家时，差不多就跟三颗麻将牌叠起来那么高。不过，我猜是因为女主人爱打麻将，所以才给我取了这个名字。

　　我常对着镜子看自己，我个头不大，大大的耳朵，两颗黑葡萄似的眼珠，黑豆大小的鼻子。至于我的嘴巴，哦，我也不知道它长啥样，因为我的嘴都被毛遮住了。

　　我小时候真是多灾多难！车祸都遭遇了三次，被电瓶车撞过、小汽车蹭过，甚至被大卡车刮过，幸好大难不死。我以前都是自由自在横行天下的，自从那次和大卡车的车轮"亲吻"后，主人再不敢让我到处跑，还把我关进了一个铁笼子里。失去了自由的狗狗，真是可怜啊！我平时吃的是宠物店买来的狗粮。一次，主人带我到外面去用餐，我看见一只流浪狗正津津有味地啃一块大骨头，我好不容易争抢过来，饱餐了一顿。可是当晚，我居然拉稀了。唉，这都是主人太过宠爱我的缘故啊！

我呆萌可爱，挺有人缘的。小主人带同学到家里，他们都喜欢我，把我抱在怀里抚摸一番。我不光人缘好，狗缘也不错。那天，我上街玩，一只大狼狗主动跑来跟我打招呼，邀请我到它家去做客。我很想去，却被小主人阻止了。原来这只大狼狗有一次把人咬成了重伤。

说多了都是泪，我有一次被主人送人了，因为小主人上学后，主人也要上班，没人照顾我了。我在新主人家待了四五天，想尽办法逃了出去。我靠着气味和记忆回到了原来的家，在门口，刚放学回来的小主人居然不认识我了，我可怜巴巴地瞧着它。小主人看着我的眼睛，一下子认出了我。那天，小主人的眼睛红得哟，跟小白兔的眼睛一般。也怪不得小主人不认识我，是因为新主人给我剃了毛，换了发型。

嗨，我叫"麻将"，我是一只泰迪狗。如果你要找我玩，就先找到我的小主人吧，他会带你认识我的。聊了太久，有点儿累，我先眯一会儿！

瞧，我们这个班

张涛涛

班集体就像一个大花园，而我们就是花园中那些各色的花。我的班集体可谓是温馨美好、人才济济、其乐融融，像一个大家庭。我们在一起生活学习，各有自己独特的性格：有的开朗，有的幽默，有的直爽，有的沉稳……在这里，有优美的环境陪伴你学习，有勤奋的同学帮助你进步。

"语文奇才""作文奇才""数学女王""体育健将"，一个个身怀绝技，武艺高强。在各种竞赛中，全指望他们为班争光了。下面我就一一介绍。

"语文奇才"张双玉。这个面容清秀的漂亮女孩儿，语文成绩从未下过95分，班里许多高分都是她取得的。而且她的课外阅读理解也是相当好，老师讲练习册或卷子时，挺难的课外阅读题，她总是第一个说出答案。怎么样，你不得不服了吧？

"作文天才"非张子怡莫属。此人作文已修炼至炉火纯青、字字珠玑的地步，让人一看不禁大吃一惊：这是一个小学生写出的作文吗？实在让人佩服得五体投地。

"体育健将"靳浩伟。此人日日在阳光下奋斗，皮肤却是白皙的，练就了一身好体格。他跑起来像风一般快，俯卧撑、仰卧起坐样样行，打起乒乓球来那更是一个"绝"字。如果开运动会，他一定可以捧个大奖回来。

"数学女王"王月。一个架着眼镜，人瘦，不高也不矮的女生。瞧她，嘿！太像动画片里的瘦高高了！只是有一点不同，那就是智商有120，天才呀！奥数题一个一个被她攻克，那么难，她却显得十分轻松。这是哪位天才的化身？对了，忘告诉你了，她还是一位英语高手。这家伙，看起来很文静，却一鸣惊人——三次稳坐第一名的宝座。不明白，这个文静的人怎么会有这样的好成绩。

"辩论家"韩家兴。如果你在我们班后面听课，就一定会发现：课堂上他总是目不转睛地盯着黑板；耳朵一刻也闲不住，把老师说的每一句话通通接收到大脑里；经过大脑的筛选，将有用的储存起来；如果有些知识有异议，嘴巴就派上了用场。你听，那个滔滔不绝与老师和同学雄辩的人就是他。他也常常因独到的见解而赢得老师的赞许和同学们的掌声。

"朗诵家"翟嘉田。嘿，听，她朗诵起来那真是——

棒！低沉缓慢的读书声让你陶醉其中，无法自拔。

"舞蹈皇后"自然是田蕊了。她那婀娜的舞姿能瞬间把你吸引过去，常常赢得大家热烈的掌声。

班里的大侠、小侠不止这些，还有多位"英雄豪杰"，我就不一一列举了。若想大开眼界，请火速赶来我们"风云人物班"。

最后，我想说："我爱我的班集体。它就像我的家一样，给我希望与力量！"瞧，我们这个班！

我的老师是"美猴王"

王皓月

她特别爱美，一年四季都穿着裙子。她有一根长长的教竿，就像金箍棒一样神奇。每天上课，只要她在黑板上轻轻一点，教室里就会变得快乐无比。她身边每天都围绕着一群徒弟，像小猴子一样活泼调皮，她总是亲切地称呼他们——"孩儿们"。在她的孩儿们眼里，她就是神通广大的"美猴王"。

她是谁？当然不是花果山上的孙悟空。她就是我们五年级五班的"小猴子们"最喜爱的班主任——曲老师。

说曲老师是美猴王，一点儿也不夸张，因为她有一双明察秋毫的火眼金睛。孩儿们学习上的小差错，曲老师一个也不会放过。有一次，考试默写，我掉了一个小逗号，硬是被她一眼看了出来，让我改正。当然，如果你有细小的优点和进步，她也总能及时发现，绝不吝惜表扬。一次课间，我捡起了走廊里的一片废纸，曲老师不知什么时候都看在了眼里，在班会上表扬我爱清洁爱集体，让人心里美滋滋的。

我们的"美猴王"曲老师，还会神奇的"七十二变"呢。教室里有一个百宝箱，课外活动时，只要从这个箱子里拿出沙包，三十岁的曲老师一下子就会变成和我们一样大小的孩子。她和我们一起玩沙包，像小猴子一样灵活，她跟小女生一样边躲沙包边尖叫，有时明明沙包打到了她，还跟我们耍赖皮呢。每次玩到最后，我们都跟曲老师笑着抱成一团，根本分不出谁是猴王谁是徒弟。

当有同学生病时，曲老师又会变成一位有经验的大医生。只见她先用手轻轻地抚摸生病同学的额头，再查看他的喉咙，然后给家长打电话，等家长的时间里，还会给他喝热水让他休息，每一步都有条不紊。

有时，曲老师还会变成我们温柔的妈妈。有一次大课间，我们正在外面玩，突然下起了大雨，大家湿漉漉地跑回了教室。同学们落汤鸡般，狼狈地你看我我看你，一筹莫展时，曲老师像往常一样欢快地喊着："孩儿们，我来了！"她拿来了毛巾，用干毛巾挨个给我们擦头，轮到我时，她笑嘻嘻地看着我，动作轻柔，和小时候妈妈给我擦头一样温柔，我心里暖洋洋的，幸福极了。

我们这群小猴子都喜爱的"美猴王"——曲老师，真是有孙悟空一样的本领，像齐天大圣一样厉害！

爸爸的"强迫症"

陆睿彤

客厅里的水晶灯一闪一闪的。爸爸拉下电闸，架上梯子，拆下水晶灯，用测电笔这里测测，那里量量。很快，他就找到"病因"——原来是镇流器在捣鬼。爸爸拿出螺丝刀和电烙铁，给灯换上了一个新的镇流器，水晶灯又恢复了往日的光彩。

我的爸爸是一位出色的电气高级工程师，他在一家化工公司上班，负责公司里的电气维修工作。虽然很多维修工作并不用爸爸亲自去做，但多年的工作经验让他练就了一手"望闻问切"的绝活儿：只要听一听、看一看，他就知道故障出在哪里。但，这也让爸爸患上了严重的"强迫症"——视野之内不能容忍任何故障的存在。他在工作中是这样，在家里也不例外。大到冰箱、电视、洗衣机，小到台灯、电水壶、豆浆机，不管家里的什么电器生了病，爸爸都能妙手回春。

爸爸的"强迫症"是一把双刃剑，不仅会给我们带来方便，也常常给我们惹麻烦。

冬天送暖之前，爸爸看着暖气管子上生锈的阀门不顺眼，非要换个新的。妈妈建议道："还是让专业的修理工来换吧。"我也举双手赞成。爸爸执意认为换阀门很简单，自己就能搞定。他买来新阀门，三下五除二就换好了。几天后，暖气来了，爸爸换的阀门先是"滴答，滴答"地漏水，然后"刺啦"一声，水像喷泉一样喷涌出来。爸爸指挥我拿起毛巾堵住"泉眼"，让妈妈把电视推开，自己去楼道里关总阀。水总算是不流了，可家里已经一片狼藉，地上的积水深得没过脚面，墙也被洗了一个"热水澡"。这一次，"陆医生"失去了往日的威风。他怎么也找不到"病因"，只好请物业的李师傅来"诊断"。李师傅一看就知道是阀门间没装垫片，真是术业有专攻啊！

经过"喷泉的洗礼"，吊灯、电视、冰箱都挂了彩，成了落汤鸡，这下，爸爸的"强迫症"又要发作了！

快 乐 的 家

葛真宇

　　"哈哈哈……"门外传来一阵阵快乐的笑声。这声音是从哪儿发出来的呀？让我找找看。瞧，原来是妈妈在外婆家门口和爸爸打羽毛球比赛呢！我刚到门口，便迫不及待地去抢爸爸的羽毛球拍。我想与妈妈较量一番。不料，老爸个子比我高出许多，我怎么抢得过他呢。爸爸用商量的语气对我说："上次，我输给了你妈妈，我不服气。现在，让我和她较量较量。你先在旁边做个公正的裁判，等谁输了，你再换谁。好吗？"

　　"比赛——开始！"我带着兴奋的音调宣布这场比赛的开始，"嘭、嘭、嘭……"随着羽毛球来来回回飞传，比赛也渐渐有了胜负。爸爸在之前的比赛中吸取了教训，有了经验，把妈妈忙得手足无措。突然，老爸来了个"火轮冲击"，最终妈妈以失败告终了！"哈哈哈……"爸爸赢了，笑得好开心啊！

　　轮到我上场了。我可是自信得很，我是最厉害的了。这次我和爸爸打，打了几个来回，老爸还是用之前的招数，老套了，我可摸透了哦。我和爸爸玩了个"起死回生"。唉！这球被爸爸接住了。好吧，我再来个"晴天霹雳"，我嘴里大喊着，却又将球打偏了。看来我的技术有待提高啊。毫无疑问，这一场又是爸爸赢了。爸爸可开心了！今天的羽毛球比赛的奖品是个中国结，由我发给了爸爸呢！

　　羽毛球比赛要结束了，虽然我和妈妈输了，但我们依然很开心。因为爸妈上班、我上学，一家人难得同时相聚玩乐！

　　因为有这个家，才会有一个这么温馨的小世界，也就因为有了这个小世界，我的家才会编织得这么精彩，这么快乐！

怀念老校

冯玉洁

今天天气灰蒙蒙的，不经意走到竹林边，寒风吹过那挺拔的翠竹，翠竹丝毫没有被寒冷的风吓倒，仍然显露出一种生机勃勃的绿。它是那样的青翠欲滴，绿中却透着沧桑，这不禁让我流露出怀念老校的情感。

还记得几周前我还在老校中与同学们在竹林中嬉戏，不时还发出一串串欢乐的笑声，笑声在林中回荡。鸟儿们在竹林中欢快地蹦跳，它们的脚底就像安了弹簧似的从这个枝头蹦到那个枝头，就像钢琴大师手中飞逸而出的一串串音符，一切都是那么美好，形成了一道温馨的风景线。

我沉醉地回想着，回想着……

现在搬进了新校，刚开始我十分激动，心想着：终于搬进了这所又大又美的新校了。后来慢慢地觉得新校只是大一点儿、美一点儿而已。虽然老校没有新校大、美，但是老校有历代学生的美好回忆，它是所有人情感的寄托所。突然感觉，怀念是一种煎熬，但想了想，怀念其实是一种美丽的孤独，因为只有孤独时，怀念才显得美丽，只有怀念了才知道它在你心中的位置。

又一次不经意走到竹林边，看着那竹林，仿佛老校就在眼前。同学们之间相互玩耍，你追我赶，嘹亮的笑声充满整个校园，与那鸟儿们清脆悦耳的鸣叫声相融合，成了一首动听的歌曲。这还不够，你听，那朗朗的读书声从老校的扬帆楼中传出来，与先前动听的歌曲再次融合，真是余音绕梁呀！风再次吹过那竹林，我又开始怀念我的老校了……

种 植 阳 光

卢玉洁

在人生的道路上，人们都需要阳光，在心中的阳光可以给人以温暖，让人可以带着自信走向未来。遇到社会上有困难的人，要在他们心中种植阳光。

夏天，闷得让人透不过气来，即使坐在家里，也是燥热不安。于是，我决定下楼去买两瓶饮料。来到楼下，四处都是水果小贩的吆喝声和人们讨价还价的声音，在这一片嘈杂声中，我依稀听见了一个稚嫩的声音："卖棒冰，手工棒冰！"我赶紧望了望四周。在大街的另一头，有一个衣着略显破旧的七八岁小女孩儿正推着一辆大推车，在烈日下一步一步艰难地往前走，她顾不得擦去头上的汗珠，把推车停在了路边，在休息。

太阳炙烤着大地，赶路的人都忍不住抱怨炎热的天气，可是那个女孩儿却安安静静，一声不吭，望着眼前匆匆走来、又匆匆离去的人。过了许久，没有一个人买她的棒冰，她似乎意识到了什么，四处张望着。这时，一个中年男子，牵着他五六岁的孩子走了过来。女孩儿的手指紧紧地捏着衣角，一步一步，小心翼翼地踱到那个孩子身边，小声地问："小弟弟，你要卖棒冰吗？"她的脸红了。那个五六岁的小孩儿立刻拉着爸爸的手撒娇。中年男子一回头，看到身后竟站着一个衣着破旧，瘦小的女孩儿，不禁皱了皱眉头，他又瞭了瞭推车上箱子里的棒冰，脸色忽然变得难看起来，他指着女孩儿生气地大声道："你这孩子，买这么多棒冰，吃不完又拿出来卖，还放在这么一个脏兮兮的箱子里，懂不懂卫生啊？"小女孩儿怔怔地站在那里，脸色苍白。男人说完，又俯下身子对男孩儿说："儿子，爸爸去别的地方给你买棒冰，这里的太脏了。"于是，便拉着孩子，头也不回，扬长而去。

女孩儿愣住了，站在原地，过了许久，她开始抽泣。我感到隐隐的心痛，甚至是愤怒。我向女孩儿走去，她看到我，神色有些慌乱，甚至眼神里有一丝恐惧。我拿出纸巾，递给她，她也没有抗拒，接受了我的好意。我帮她扶起推车，她看着我，眼神里的恐惧似乎渐渐淡了下去，神情也恢复了平静。我从口袋里掏出买饮料的二十元钱，递给她，并对她说："这是送给你的。"女孩儿狐疑地看着我，但还是收下了。她的眼眶又一次红了，但我想，那也许是感动的泪水吧！在以后的日子里，我每次看到那个女孩儿就会尽力给予帮助，让她感到温暖，直到看到她脸上洋溢着灿烂的笑容。

在遇到困难的人的心中种植阳光，可以焕发起他们对生命的活力，让他们对生活充满信心，进而融入温馨的社会中去。

十一岁的天空

停不下的脚步

管春婷

　　早上五点钟，我又被准时叫醒。不是我心甘情愿，也没有人逼迫我，我却依然要起床，进行二万五千里长征似的跑步。说实话，我不喜欢跑步，第一次跑步，是被我妈逼迫的，她说我需要锻炼；后来，跑步渐渐变成了一种习惯。

　　路不长，十分钟搞定，可是我真的不喜欢跑步，即使仅有十分钟。我讨厌在路上看到别人的目光，在他们的目光里，我什么都看不到，我不知道他们心里在想些什么，是赞扬我，还是有别的看法？我不知道，因而不喜欢，我不跑了，这次是真的不跑了。

　　我不喜欢跑步，我有很多次想偷懒，也有很多次真的偷懒了，只要偷懒一次我便可以多睡一次懒觉，可是，多睡懒觉的同时我发觉自己是那么自责，那么难受，仿佛有很重要的事没干一样。我想再去跑一次，可是一想起那些人的目光，我又退缩了。我干吗要在乎别人的看法啊！我一遍一遍地对自己说着，可就是不肯下决心再去跑一次。直到昨天，当我被叫醒时，我真的又跑了一次，这一次，跑得我大汗淋漓，气喘吁吁，上气不接下气，把那些时间里没流的汗全补上了。我开心地笑了，好像任务完成了一样。

　　昨天被叫醒还是那么不情愿，今天却是那么兴奋，同样是干一件事，我的情绪差别怎么就这么大呢？也许，跑步已经成了一种习惯，已经成为我心目中神圣而必须完成的任务！

　　我说不出跑步有什么好处，却忘不了那一个个明媚的早上，怀着对生命的向往，迈着矫健的步伐，迎着朝阳，前进！

游野生动物园

李思靖

　　"哇！袋鼠真可爱！""哇！老虎真威风！""哇！长颈鹿个子真高！"我们正在杭州野生动物园与动物们零距离接触呢，能不兴奋吗？

　　我们排队坐上游园小火车缓缓前行，眼前山峦起伏，流水潺潺，植被茂盛，不时有珍禽猛兽自由出没，我们仿佛正穿越在澳洲荒野、青藏高原、亚洲草原、非洲原野，感受着与丛林猛兽零距离接触的惊险刺激。"荒野熊踪""虎啸深山""荆丛豹影""狮吼苍穹"……熊、虎、豹、狮的飒爽雄风引得我们连声惊呼，而在"非洲热带大草原"，斑马、长颈鹿、角马奔腾的身影与灿烂阳光相映成趣，羚羊与骆驼最大胆了，居然敢贴近小火车，还探进头来，也不知是想向我们问好，还是向我们讨吃的。

　　"黑白外套超可爱，戴副眼镜好气派，拿起竹笛不去吹，张开嘴巴吃起来。"这是什么动物？对了，答案就是熊猫！接着，我们来到了"熊猫殿"。瞧，一只憨态可掬的大熊猫在自己凉爽舒适的窝里小憩，它侧身卧着，神态安详。而另一只大熊猫正贪婪地咀嚼着新鲜的竹叶，吃得津津有味，看得我也"口水直流三千尺"，想去品上一口呢！

"大象表演马上开始，快去看呀！"我们跟着导游姐姐来到表演场，四只大象身着华丽演出服闪亮登场。音乐响起，"演员"们随着节奏晃着脑袋，抖动着蒲扇般的大耳朵，还动作一致地扭扭屁股，滑稽的表演赢得观众们热烈的掌声。接下来它们要投篮啦！看，四只大象轮流用长长的象鼻卷住篮球，前腿高高抬起，轻轻松松将球扔进篮筐，完成了漂亮的进球，命中率百分之百，绝对是动物中的"灌篮高手"！

我们还游览了步行区，我第一次亲眼看到了丹顶鹤、白袋鼠、黑天鹅、火烈鸟、狒狒……杭州野生动物园各类动物太多了，我们感受着人与动物零距离相处的和谐美好，真有些乐不思归了！

飞来的斑鸠

孙祥伟

不知什么时候，一只斑鸠在我家阳台的西北角搭了
个窝。鸟窝是用小树枝一圈一圈交叉筑成的，既简单又漂
亮。我感到新鲜又好奇，天天跑到阳台上隔着玻璃看它。

这只斑鸠一身灰色的羽毛，发出金属般的光泽，脖子
里一圈黑白相间的羽毛，像是一串钻石项链。它从早到晚
待在窝里一动不动，圆溜溜的小眼睛东瞧西瞧，好像在防
备着什么。我离它近一些，轻轻地敲一下玻璃，它立刻扇
动起翅膀，惊慌地怒视着我。我这才发现鸟窝里有两个圆
圆的鸟蛋。原来斑鸠妈妈在我家筑鸟窝是为了孵小斑鸠。
我惊喜地赶紧下来，跑去告诉妈妈。妈妈告诉我，鸟类在
孵化宝宝时警惕心特别强，它们会待在窝里一动不动。妈
妈叫我别去打扰斑鸠妈妈，如果想观察，就离远一些。

我为自己惊扰了斑鸠妈妈而深感不安，总想为斑鸠

妈妈做点儿什么。于是，我找来一个小碗，装上满满一碗小米，又找来一个杯子盛上水。我踩着椅子，打开窗户轻轻地把碗和杯子放到窗户外面，然后对着斑鸠妈妈轻轻地说："斑鸠妈妈对不起，这里有食物和水，你慢慢享用吧。"

之后的几天，我天天去看，可是碗里的米不见减少。我想，是不是斑鸠妈妈还在生我的气，不愿意吃我给的食物？我跑去问妈妈。妈妈笑着告诉我，斑鸠妈妈为了保持体温恒定，在孵卵时既不进食，也不离开蛋。"那斑鸠妈妈会不会饿死啊？"我不解地问。"不会的。它们孵卵时几天不吃不喝也不会饿死，那是长久生物进化出来适应大自然的本领。"

"太神奇了，太伟大了！"我在心里暗暗赞叹，对斑鸠妈妈更充满了尊敬。十来天过去了，一天早晨，一阵清脆的鸟叫声传来。我赶紧跑到阳台去看。两只雏鸟依偎在斑鸠妈妈的怀里，斑鸠妈妈正用嘴巴"亲吻"着两只小鸟的嘴巴……一切是那么祥和而美好！

未来的世界

刘思佳

我乘坐时光抽屉，到达了2056年。

我刚到站，就看见在人行横道的上空，有一辆汽车飞跃而过。我的眼睛也随着汽车的飞跃，由高到低。这究竟是怎么回事呢？难道汽车真长了翅膀，能自己飞吗？我百思不得其解。在助理的帮助下，我在路边找到了一位中年人，问道："先生，这辆汽车怎么会飞呢？"那位中年人告诉我："汽车内有一个自动识别系统，当它监测到前方有行人时，就会立即飞越过去；当你无聊时，它就会知道你的心情，可以给你讲笑话，放适合你的音乐，还会带你上天空看风景。""哦，谢谢了。"我半信半疑。

之后，助理开了当地的一辆汽车，送我回宾馆，我体验了一把上天的感觉。只见那辆汽车缓缓上升，慢慢地在空中穿梭，这种感觉真是奇妙。

到了宾馆，我一下车就怔住了，门外是机器人，带我来到了一个如梦如幻的房间，那里的床很奇特：当你想悠闲地看电视时，你只需按下黄色的按钮，它就会立刻出成沙发；当你想睡觉时，它就会监测到你的需求，变出高级智能床，让你舒舒服服地睡上一觉。此外，当你累了，床还会自动按摩呢！还有独特的叫你起床服务、浴室自动调温功能……

下午，我来到了"新新人类"图书馆。那是一家奇特的电子图书馆，我刚想找一本《淘气包马小跳》，就有一个奇怪的人在我面前停了下来："欢迎来到电子图书馆，请您读一下《本馆须知》。"我把这本书看了一下，便坐上了座椅。座椅是高智能电子化的，你只需坐在上面，对电子屏说出你想看的书，它就会像火车似的移动，帮你找到那本书；如果不想拿书看，它还有专门的"懒人支架"，或者在电子屏上看书。

我在图书馆度过了美好的下午时光，不知不觉，该回宾馆了。怎么办？怎么办？我担心没有拿房卡回不去，急得像热锅上的蚂蚁。到了宾馆，我向工作人员说明了情况，然而，他们并没有着急，而是个个捧腹大笑。随后，一位服务员带我回房间，她告诉我："只需面部识别就可以了。"我站在门外，对准扫描仪，门自动打开了。"真是高科技呀！"我不禁赞叹道。

时间过得真快呀，转眼就要回去了。我依依不舍地离开了这里。在回去的路上，助理告诉我："现在还有根据天气变化调整温度的奇特衣服、五星级的家庭服务、指纹识别功能……"

"起床了，快点儿！"我猛地清醒过来，原来这是一个梦……

高科技能否实现，要看我们人类自己。加油吧，人类！

体验"独臂"

郑雅鸣

残疾人的心理是非常坚强的，他们倔强，不向生活屈服；残疾人的毅力是非常强大的，他们努力，付出的比常人多出好几倍；残疾人的生活是非常艰难的，需要社会更多的关心和帮助。今天，在课堂上，我就体验了一下独臂残疾人的日常不便。

老师把同学们分成两组，每人发两条绳子，把右手背后不能使用，用左手把两条绳子打一个结。

先瞧瞧另一组同学的表现吧！看他们一个个抓耳挠腮，有一部分同学根本不会打结，只是把两条绳子抓住，胡乱揉一顿，结果根本没结上。刘洁的方法最绝，她把两条绳子放在一起当一条绳子在打结，虽然有些不熟练，但也打上了结，看起来就像蝴蝶结。时间到！这一组只有刘洁、罗玉两个人按时完成了。我心里开始忐忑不安起来：这下糟了，我也不怎么会打结，而且他们组只有两个人完成，我们组不会更少吧！

　　老师宣布开始了，没办法，只好硬着头皮来了。我把右手背后，用左手来回搓这两个"淘气包"，可它们就不给我"抱"到一块儿去，其中一根还在桌子上弹了几下，好像一边对我做鬼脸，一边嬉皮笑脸地对我说："瞧你这傻样，还想让我们听你的抱在一起，别妄想了！"我越想越生气，狠狠地瞪着这两个"小鬼头"小声喃喃自语道："快给我乖乖听话，不然我就要使用武力来解决你们！"它们似乎被吓倒了，对我稍微"顺从"了一些，这时，另一组的同学来看我们出洋相了，我紧绷的神经更紧张了，像一条被拧得死死的麻花一样，尽管我一直告诉自己要放松、要淡定，心急吃不了热豆腐，可我的心仍然"扑通扑通"地不断加速，手也乱了起来。

　　我毫无头绪，只好看了看旁边李穆的进程，只见他十分从容，用文具盒压着绳子的一端，再开始打结，不一会儿，她完成了！我更加紧张，但好像明白了怎么打结，我静下心来，有条不紊地穿来穿去，发现也不是那么难，两个"淘气包"也变成了"乖宝宝"，我露出成功的笑容。终于，在老师准备喊停的前几秒，我高高举起手中的结，露出如释重负的笑容。

　　这次体验游戏我们组赢了，但是独臂的滋味真不好受呀！从中我体会到残疾人的艰难与不幸，他们更需要社会的帮助，我也感受到残疾人的毅力，我要以这种毅力更加努力地学习。

我的"美缝"爸爸

王馨盟

我爸爸的工作不是一般的累——他是一个"美缝"工人。所谓"美缝"，就是将贴好瓷砖的墙面上的缝隙填满，让墙面看起来更加美观。爸爸的辛苦工作，让很多人的房子变得更加漂亮了。

爸爸每天都早出晚归。早晨，出门的时候他很开心，脸上像开了朵花儿一样。我很好奇："干这么累的活儿，为什么还这么开心呀？"爸爸说："因为我会给家里挣钱啊！"说这话时，他一脸的自豪。

爸爸拥有一个小小的装修队，团队里的任何事情几乎都要他亲力亲为，哪怕是做"美缝"用的工具和材料也需要他跑断了腿地去买。这些材料遍布沈阳的各个市场，很多时候，为了买到一种不常见的材料，爸爸一天要跑好几个建材市场。爸爸辛苦完成工作后，如果有顾客不满意，他还要回去重做。我真怕他哪天就积劳成疾了啊。

　　爸爸的工作是名副其实的体力活儿。亲爱的朋友，你们想想看，一个一百多斤的人，要蹲在地上，一点儿一点儿地填墙的缝隙，一蹲就是几个小时。如果可以一直蹲着那还好，有时要一直弯着腰，有时又要登上梯子，抬着胳膊填补房顶的缝隙……只要一想到爸爸每天都在做这些事，我就觉得好心痛。

　　爸爸每天早上都是带着笑容离开家的，然而晚上回到家时，却累得动也不想动了。他回来就坐在沙发上，像树懒一样慢慢地脱下衣服，然后"咣当"一声躺倒，就沉沉地睡下了。晚饭做好后，妈妈会大喊一声："吃饭啦，别睡了！"爸爸听见了，就会慢慢地起来，晃晃悠悠地走到饭桌前，似乎连吃饭的力气都没有了。吃完饭后，他又呼呼地睡着了。我和妈妈连说话也很小声，生怕吵醒了爸爸。经过一夜的休息，第二天一早，爸爸又生龙活虎了。我觉得，电影里的钢铁超人也没有我爸爸厉害！

我 的 妹 妹

蓝 溪

妹妹额头上长有"横旋"。她从出生起就被大人们预言：这孩子定是很调皮。我对这些说法是不屑的，长有"横旋"，就一定很"横"吗？

她在外婆的臂弯里蹒跚学步，在妈妈的歌谣里牙牙学语。渐渐的，婴儿车已装不下她了。蹦着、跳着，她度过了两个春秋。这时的我才开始相信当初的那个预言。因为事实就摆在我的眼前，而且这时的她嘴里还多了一颗"横牙"。

还记得那一次，她不停地在床上跳来跳去，一会儿下来，一会儿又爬上去。我说她，叫她不许疯，她不听。妈妈将她抱走。不一会儿，又见她在床上跳了。谁知，她脚下一滑，从床上摔了下来。这下可好了，摔断了右手手腕，医生给她吊在胸前，并嘱咐她不许太顽皮。可回家后，她依旧吊着手爬上爬下。唉，这调皮的妹妹！

有时候，我做作业正认真，她一下跑来，想拉我去陪她玩。我若不理她继续做作业吧，她会一直来烦我，弄得我心神不宁，错误百出。有时候，她会偷偷拿走我的书，在上面乱写乱画，甚至将其藏起来。那次，我竟然发现失踪好几天的数学书被藏在院子里的蜡梅树下。有时，她还会让我哭笑不得。一次，她爬到我的床上，尿在了我的被子上，竟还大张旗鼓地跑去告诉妈妈，说是我尿床了。妹妹真是"横"呀！

不过，当我犯错爸妈骂我时，妹妹会毫不犹豫地站出来抱住我，连哭带吼："不许骂姐姐！不许骂姐姐！我的姐姐，不许骂！不许骂！"在这种形势下，爸妈便会停止对我的"攻击"。如果不停止，妹妹又该在地上打滚了。

"横妹"会出"横招"救人，"横妹"也会出"横招"照顾人。一次，在放学回家的路上，天空不知是不是被我那妹妹给踢了个洞，大雨没有预约就贸然来到人间。虽然我有伞，可到家时依然湿透了。妹妹见我这般模样，竟主动地给我拿来拖鞋和毛巾。不过，她将两者同时抱在怀中，鞋底自然将毛巾弄得脏兮兮的了。

接下来，我便是感冒，发烧、流鼻涕，再加四肢无力。服用了一颗"力克舒"后，便躺下休息了。妹妹却不忘"嘘寒问暖"，拿来一件她的小衣服搭在我"庞大"的身躯上，还学着妈妈的模样念叨："看嘛！看嘛！你不听话，不盖厚点儿。本来就感冒了的。好了，快点儿睡，我再去给你拿点衣裳来。"我听后忙说："别，别去，我不冷。你去把桌子上的水给我拿来。""要得嘛。"她竟极其温顺地回答我。末了，她还给我按摩头。只是我的头没感觉到舒服，反而更痛了……

　　有人曾问我："有妹妹更安逸没有？"记得当时我的回答是："不知道。"

　　若有人再次这样问我，我会毫不犹豫地回答："有妹妹更好！"

　　因为我的"横妹妹"，是上苍派来的"安琪儿"。

红 果 飘 香

袁晓谭

国庆节放假了，我和爸爸妈妈回到村子里去摘苹果。一进果园，苹果的芬芳香味扑鼻而来，沁人心脾，且不说红红的苹果像小灯笼一样挂满枝头，单那绿色走廊一样的葡萄架，就让我陶醉了，迷人的葡萄架啊！碧绿肥大的葡萄叶下挂着一串串的葡萄，紫黑色，圆溜溜，像一串串晶莹的珍珠，放在嘴里一咬，汁水像蜜一样甜，一直甜到心里……

看着一棵棵苹果树上挂满了晶莹剔透的苹果，望着忙碌的父母，我也拿起一个篮子，准备摘苹果。这时，妈妈走过来告诉我："田田，摘苹果时要把大拇指和食指放在苹果的后蒂上，然后轻轻一折，苹果就下来了。"妈妈说着做了一个示范。我看着她的动作很快就学会了。这时，妈妈又提醒我说："小心点儿，别把树枝折断了，要不然明年就长不出苹果了。"听完妈妈的话，我每摘一个苹果都很小心，把苹果放进篮子的时候也很小心，生怕把苹果碰坏。我越摘越起劲儿，很快一个篮子就摘满了。我用尽全身的力气把一篮子的苹果送到果棚里，还没有到果棚跟前，就闻到了苹果的香味。爸爸正在放苹果，爸爸身前堆满了红彤彤的苹果，看着那一颗颗红艳水灵的苹果，我几乎要流口水了。我放下篮子对爸爸说："看，你儿子摘得不错吧！""嗯，不错。"爸爸连连夸我，"继续加油。"

过了三四个小时，我们把几棵树上能够着的果子都摘完了，只剩下树顶的，这时，妈妈拿来一个梯子，很小心地踩上去摘着苹果。我在下面望着妈妈，那茂密的树叶遮在妈妈的脸上，红红的苹果在阳光的照射下映衬着妈妈的脸，她脸上的皱纹好像都没了。看着她那熟练的动作，我不仅想起了爸爸妈妈每天虽然很辛苦，但还是那么快乐，我真为他们高兴。

夕阳西下，空气里弥漫着芬芳的果香，太阳的余晖照在我们的脸上，我和爸爸、妈妈载着满心的欢喜走在回家的路上。虽然我已经筋疲力尽了，但却很高兴，因为我看到：秋，把丰硕的果实留给我们，也把美丽的祝福送给了我们每一个人。

点亮一盏灯

颜佳荷

"落红不是无情物，化作春泥更护花。"经历了严冬的磨炼和春的复苏，曾经的秋叶已坦然化作泥土，以自己的生命去滋养新的生命。于是，叶儿更翠绿，花儿更妖娆，果儿更甜美……

"小颜，下课后到我办公室来一下。"王老师微笑着对我说。我一听，呆呆地愣在那儿，良久，才回过神来，答道："哦。"

"丁零零，丁零零……"一向悦耳的下课铃声也变得烦躁了，仿佛在诉说着："快去，老师在等你呢。"从教室到办公室只有几十步，我却走了很长时间，我的心里也如十五个吊桶打水——七上八下。

我忐忑不安地走进了王老师的办公室，王老师见到我，和蔼地说："小颜啊，学校即将举行演讲比赛，咱们班选你去，你觉得怎样？"我蒙了，忙边摇手边说："不不不，老师，我不会演讲。""我见你上课朗读课文，很有演讲的天分，并且凡事都有第一次嘛，别怕，我教你。"老师的话仿佛在我的心里点亮了一盏灯，我顿时安心了。

王老师拿出他精心准备的演讲稿，一句一句地念给我听。他那充满感情、抑扬顿挫的声音，让我仿佛徜徉在一片花海里，梅花淡淡的、幽雅的香气扑面而来。

我学着老师的声调很有激情地念起来："我们的祖国……""不对，这句应该再洪亮一点儿，重来。"王老师面带微笑地耐心指导着我……

时间一分一秒地流逝着，屋外的寒气一点儿一点儿地吹来，王老师拿出一个热乎乎的暖手袋递给我，而他自己却冻着，我的眼睛湿润了……我抬起头，窗外的梅花依然盛开着。

我们练习好了，王老师送我出来，在我转身的刹那，我听见王老师打了个喷嚏，并发出隐忍着的咳嗽声……

王老师对我的辛苦指导，犹如在我心里点上了一盏明灯。

演讲比赛的日子到了，在王老师的殷切希望中，我胸有成竹地参赛，并一举夺得了一等奖。

我登上了领奖台，光环背后，有个人在默默微笑……

此时此刻，花圃里的梅花灿烂地笑开了脸。

小 时 代

周 彬

新学期的第一节体育课乘着呼呼的北风疾驰而来，我们再一次站到了新起点……

奔 跑

"开始！"一声令下，我们开始了漫长的奔跑，一窝蜂似的向一个终点涌去。没有低年级的呐喊助威，没有老师的督导鞭策，没有父母的殷殷告诫，我们背负着对自己的希望向前努力奔跑。尽管这样，你还是能够看到，在我们中仍有手牵手一齐奔跑的好姐妹，也不乏肩并肩相互鼓劲的好兄弟。我们仍有朋友，仍有彼此。

竞　争

一些人一开始铆足了劲儿，却在后来的路程里像泄了气的皮球，虽然落下了一大段，却仍旧坚持拖着疲乏的双腿无力地在后面慢跑，不愿轻易放弃。他们让我感动，我没有理由停止步伐。我始终记得一句话："只要终点的口哨未被吹响，比赛就没有结束。"于是，我拼命地在赛场上奔跑着，那颗火红的心也随我的节奏在炙热的胸腔里怦怦直跳。终于，我以理想的成绩奔到那梦寐以求的终点。

场　下

尽管第一名的位置远得似乎遥不可及，尽管我浑身无力头昏脑胀，但这一刻我心中已经播下了一颗坚强的种子，只等破土而出的那一天。它浑身上下必将会散发着生命的气息，奔涌着盎然生机，充满蓬勃的朝气与活力。赛场上的我们生龙活虎，赛场下的我们气喘吁吁。我们会好好地养精蓄锐，不断奋斗，把各自的小时代打造得绘声绘色，尽情地品尝百态精彩，并告诉自己必须经过挫折的历练，才能收获最甜蜜的果实。

阳　光

　　之后的休息便成了我们各自的娱乐时间。我看见操场上同学们脸上浮现的阳光，像是能够温暖整个冬天。我们的小时代里有种惬意的感觉，洋溢在空气的每一个角落，就像快要从心中溢出的阳光。我们一直在小时代里寻找光亮，像黑夜里的一只萤火虫，有在太阳出来之后，才发现阳光会一直陪伴在我们身边。

　　下课了，我们仍然在奔跑，奔跑在我们这个小时代的赛道上。我们也仍然在竞争，在小时代里进行着激烈的竞争。在我们的世界里，在我们的小时代里，在我们的赛道里，我们永不停息地向前奔跑。那里有属于我们的终点，那里有未来的曙光！

外婆牌春卷

王颖秀

　　每到一月份，我就开始倒计时般地数日子，是在盼春节，更是在盼"外婆牌春卷"。

　　对我来说，春节就是从包春卷的那一刻开始的，春卷中充满了节日的味道。

　　每到那一天，外婆就会端来一大盆春卷皮子、一盆豆沙、一盆菜，我们全家总动员，开始包春卷。先撕皮子，这是个细致活儿。我先轻轻撕，撕不下来，心一急，一用劲儿，薄如蝉翼的面皮就豁开了一个大口子。这片"英勇牺牲"的皮子就只好一边待着了。妈妈用巧劲儿弄下一片递给我，我把它摊好，舀上一大勺豆沙，左边一折，右边一折，轻轻卷起来，一个春卷就包好了。再看看其他人的战绩——哈哈，表姐的盘里全是一个个弱不禁风的"春卷林妹妹"，里面的馅料少得可怜。而表妹的春卷全是"大胖子"，身子肥嘟嘟的。油腻腻的菜和白白的面粉粘了我和表妹一脸，我看着表妹偷笑，她也看着我傻乐。

一大盆春卷裹完后，外婆就在厨房里生起火，倒上油。我们三个小馋猫献殷勤似的争着把春卷端进厨房。油热了，春卷宝宝要下锅啦！它们像跳水似的，变着花样跳进油锅，我们眼巴巴地望着锅里的春卷。外婆的铲子翻动着，我们的眼睛也跟着铲子转动。不一会儿，一个个春卷宝宝就变得焦黄焦黄的。

春卷炸好啦！外婆把它们装进盘子，端上餐桌，香味溢满整个屋子。我迫不及待地拿起一个——"啊，好烫！"嘴唇刚一碰到皮，我就惊叫起来。但我不舍得放下，只对着春卷吹了几口气，轻咬了一小口。酥脆的皮混合着豆沙细细软软的口感，含着一丝丝香甜，味道美极了！菜馅虽没有豆沙细腻，但比豆沙更香，别有一番风味。我吃了一个又一个，根本停不下来，手上、嘴上全是光亮亮的油。

春卷又香又脆、甜而不腻、咸香适口，真是令人回味无穷！

离 别 时

黄玉莹

你没有如期归来，这正是离别的意义。

——题记

每一次郑重挥手说再见，转身后，总有一个人会泪流满面。

一再想起小时候，过了年关，父母便匆匆赶着离开家，我一路跟着他们，听他们嘱咐我：在家不能闹，要好好读书，别让奶奶操心。我一一应下来，仿佛这只是一场饭后的散步，完全忽略了他们背着的行囊。一直到他们坐上车，从车窗里远远地朝我挥手，我才脆生生地喊道："再见！"但是，当我一个人走回家，脑子里一下子全是他们，忽然眼睛就红了，躲进房里一个劲儿地哭喊，好像这样，他们就能回来。

再后来，送哥哥离开家也是如此，每次回到家，便抑制不住伤心，一边抹着眼泪，一边给他发短信："哥，我想你了。"他好笑地回我："你才送我出门呀。"而后，又回道："在家好好的，要乖啊，好好读书，过段时间我就回来。"其实所谓的"过段时间"，是无法定下期限的，更多的只有无奈，我无奈他走，他也无奈他走。眼泪是止住了，心却惆怅了好久，只要回到家，那些回忆就争先恐后地冒出来，惹得我鼻子发酸。

离别于我，先是不痛不痒，而后悲伤又犹如一只小兽，迅速地吞没了我的心。我变得害怕送人走，因为我明白一走，便不知归期。尽管如此，我依旧无能为力，什么也做不了。该来的自然会来，该走的一定会走。就这样眼睁睁地迎人来，送人走。再到后来，自己变成了离去的那个，才真正了解到，当自己离开一个人，一个地方，说再见时，思念就早已潜滋暗长，要么被时间淡忘，要么在心间不断地生长，占据着一块地方，在夜深人静时，悄悄地漫溢出来。

每一次离别，都是为了下一次的重逢吧！

正是如此，才有了迎人来的欢喜，才能堆积下一腔话语，彻夜长谈；正是如此，才对一个地方念念不忘；正是如此，下一次见面，才能激动地对你说："我好想你。"每一个历经离别的人，再回到原点时，才能深深地体会到，最初的美好。因为远去，让记忆里的人，不急不缓地踏入梦中来，让远方的那个地方，变得魂牵梦绕。成长啊，尽管止住了眼中还未落下的泪水，却止不住心中的离愁与想念。

又想起了之前听过的一首歌：

"我已经是一个大女孩儿了，在这大千世界里，当你离开，已经不是什么重大的事，但我能真切地感觉到，我会十分想念你，十分想念你。"

森林公园骑行

梁宝怡

今天，我和爸爸、妈妈还有妹妹一起来到大岭山森林公园游玩。我们租了一辆四人座的脚踏车，准备环湖骑行一周。我和爸爸在前面蹬，妈妈和妹妹则惬意地享受着我们的专车，在后座上给我和爸爸鼓劲。

森林公园里蝉鸣阵阵，处处蛙声，此起彼伏。翠绿的树叶迎着阳光闪闪发亮，树干上爬满了正吹奏"夏日进行曲"的喇叭花；道路两边的草地像绿色的地毯，紫红色的酢浆草星星点点点缀其上；湖边有些人在静静地垂钓，湖面上几只野鸭在悠然自得地嬉戏玩耍；碧空如洗的蓝天与湖面相接，胖乎乎的白云就像一团团棉花糖，要是能够得着的话，我真想尝尝它的味道。

清风拂面而来，夹杂着湖水、青草和泥土的气息，两岁半的妹妹用软绵绵的声音说："风好痒痒呀。"听得我们心都融化了。前面是个小上坡，爸爸身子前倾用力地蹬着脚踏板，我也使足了劲儿往前蹬，妹妹嚷嚷着："爸爸加油，姐姐你最棒！"妈妈得意扬扬地拍着我的肩膀说："小屁孩真不错，再用点儿劲儿，你行的。"爬上坡后，接着就是下坡，前面的道路空无一人，我和爸爸交换了一个眼神，突然蹬得很快，我感觉到后座上的俩人猛地向前一倾，妈妈赶紧说："慢点慢点，别把我俩给颠翻了。"我和爸爸哈哈大笑。

骑到一半，我们决定稍作休息，只见旁边有好几顶帐篷，露营的人们席地而坐，有的在打牌，有的在闲聊嗑瓜子，有的在做游戏……有个阿姨在水边采摘野菜，妈妈好奇地走过去，那个阿姨还热情地给了她一大把呢，那是野生的水芹。大地像有吸力一样，我忍不住躺在草地上，看着天上游走的白云，阳光透过密密的树叶洒在身上，真想睡个长长的午觉。爱玩爱跳的妹妹，静静地躺在我身旁，指着树叶说："那是绿色的。"

休息过后，老爸发出集合的指令，我们继续前行。前面的凉亭里，游玩的人们正在歇息，我抬头一看，原来亭子名叫"厚德亭"，两旁还有一副对联"厚载千秋清风明月归大岭，德生万物湖光山色养新莲"。从这里，可以远眺观音寺、莲花山，这里真是一处好地方。

咦，静谧的步道上突然传来轰鸣声，我转头望去，原来是环卫叔叔用风炮在清扫落叶，旁边的阿姨则用铁钳把树丛中的水瓶、废纸拣出来。我们享受的山清水秀，背后是他们默默的付出和维护。妈妈说："以前的长安是一个工业小镇，休闲娱乐的地方并不多。现在的长安漂亮了很多，我们要好好爱护环境，才能让长安变得越来越漂亮。"

我默默地踩着脚踏车，心想：长安一定会越来越好，越来越美。

我 的 烦 恼

陈　婧

　　尽管我是个小孩儿，可我的烦恼一点儿都不比大人少，什么学习压力大啦，同学间关系不好啦，个子怎么也长不高啦……但现在最让我烦恼的却是家里来了个"小恶魔"——表弟。

　　我表弟名叫乐乐，今年五岁，在芳桥上幼儿园。幼儿园放假后，他来我家玩。他来了之后，温暖的家就变成了"人间地狱"。

　　首先是早上。我被我家的"女王大人"——妈妈分配了叫醒乐乐的"任务"。一进我的卧室（我把房间让给了乐乐），好家伙，他正在我的床上睡得香呢，手里还抓着一张纸。仔细一看，那是从我心爱的漫画书上撕下来的！床边散落着零食的包装纸，因为都是些油炸食品，所以床单上油腻腻的，脏死了。我一手捏着鼻子，一手把他从被窝里拉出来使劲儿地摇，边摇还边冲他嚷道："起来！小坏蛋！立刻从我的床上滚下来！""我不嘛，好姐姐，再让我睡一会儿……"我只能打他的屁股，这才把他打醒。

完成了叫早任务后，我到客厅吃早饭。早饭可真丰盛，有小笼包、烧鸡蛋、红豆粥……我迫不及待地吃了起来。过了十分钟，乐乐睡眼惺忪地下了楼，在我对面坐下来。你们知道吗？要让他吃饭，可能是天底下最难的事。瞧，妈妈刚把一口饭喂给他，他的头就扭向一边，妈妈喂了好几次，他还是不肯吃。他伸手抓了个小笼包，把包子搞得"皮开肉绽"。他把这惨不忍睹的包子放进我的碗里，还顺手碰翻了我那装满果汁的杯子，让果汁流了我一身。最后，妈妈只好拿出针来吓唬他，才让他吃下了第一口饭。

早晨发生的一切，只是苦难的开始。接下来的一整天，乐乐一会儿爬到沙发上，一会儿偷吃我的零食，一会儿狂抓我的课外书，一会儿发出高分贝的"狮吼"……

现在的我，只希望表弟能快点儿回去，因为我的作息时间全乱了，生活简直一团糟。幼儿园呀，你快开学吧……

惊 魂 一 刻

金 莹

"啊！救命啊……"上面传来一阵阵惊悚的尖叫声，我的心不禁凉了半截，像一只泄了气的皮球般蔫了下去。妈呀！叫得这么惨！那我是上去还是不上去呢？看着玩过的人个个脸色苍白，跌跌撞撞走下来，有些人眼泪都出来了……该怎么办呢？我站在原地，迟迟不肯向前迈一步。

"愣着干什么？快走啊！"张龄尹用力推我，调侃道，"这么快就害怕了？"

"哼！我才不怕！我没走是……是因为脚被粘住了！"我虽然心里发虚，但还是硬着头皮准备上"战场"。

刚开始，那东西荡得不高，像秋千一样，我假装自信满满："这东西没啥威力！怕啥！"没想到，话音刚落，那东西就越荡越高。我紧闭双眼，双手死死抓住保险

十一岁的天空

带，心里不断默念："快停下！快停下！"可那东西像发疯的野兽一样肆无忌惮，不断往高空荡去，我整个人都像是快被甩出去了。忽然，一个停顿，之后那东西像陀螺般旋转了起来。我头朝下，感觉全身的血液一下子都涌到了大脑，胃里也是翻山倒海地折腾。一波未平又是一波，我实在忍不住了，"啊——啊——"地狂叫起来，眼泪夺眶而出。猛然间，我攥着了一只手，仿佛抓住了救命稻草一般，使劲儿攥着。"啊——"我在惊恐中不断尖叫，仿佛看到死神向我挥手走来，我真以为自己马上就要死了……

"小朋友，结束了，结束了！"我猛地张开眼睛，发现已经结束了，而我还坐在椅子上不停地尖叫。

我摇摇晃晃地走下来。"你看看，我的手！"张龄尹向我伸出满是血印的手，埋怨道，"你太可怕了！一直尖叫，快把我的耳膜震破了！"

我心有余悸，含糊不清地说："我再……也……不……玩……这个流星锤了。"

爱在回家的路上

徐佩佩

我爸爸是一名铁路建设者。从我出生到现在，他工作的城市一换再换，每一个城市都在千里之外。小时候，每当看到飞机从蔚蓝的天空飞过，我总是会一直盯着它，直到它消失在天际。我在想，飞机里是否有爸爸的身影？他是否能看见小小的我在向他招手？

慢慢地，我长大了，开始对爸爸充满怨恨。我埋怨他不能像别人的爸爸那样送我上学、放学；生病的时候，他无法给我一个温暖的怀抱；当我犯错误的时候，他无法给予我正确的指导；在我遇到难题时，他不能给我思路和提示……

去年暑假，我去爸爸工作的城市探亲，一个偶然的发现深深地震撼了我——我找到了满满一抽屉的票根。飞机票、火车票、汽车票……每一张票的目的地都是家。我这才知道，爸爸有多么爱我、牵挂我。

我翻看着这些票根，一张从新疆至合肥的火车票唤起了我的回忆。那是一张慢速列车的无座站票。记得那是我的生日前夕，虽然南方已经是阳春三月，可新疆仍然暴雪封山。飞机停飞，大批乘客涌向火车站，急着回家给我过生日的爸爸排了整整一天队也没能买到票，最后在退票窗口抢到了这张站票。从新疆到合肥有约三千五百千米，乘坐飞机也要六个小时左右，坐火车要五十多个小时，慢车更是要三天两夜。这三天两夜，即使是睡卧铺也难以坚持，更别提站着回家了。妈妈一直打电话劝爸爸不要回来，反正生日年年有，孩子还小，不在乎这一次，可是爸爸却很坚定，他说："答应过孩子的事一定要做到，我平时太少陪她，如果生日也不能回来，孩子会失望的。"其实，那一次生日，我还是没有等到他陪我吹灭生日蜡烛。因为北方大面积暴雪，火车晚点，爸爸回到家时已是第三天的深夜了。生日的第二天早上，我看到了精美的礼物和爸爸带着歉意的笑脸，还有他那因为站立太久而肿得无法穿上鞋子的双脚……

我又发现了两张飞机票，票上的抵达时间和返程时间仅仅相差三个小时，那是爸爸利用会议间隙赶回来参加我的开学典礼；还有这张凌晨三点出发的火车票，是他为了赶去大连陪我参加舞蹈比赛；对了，还有这张……

一张张车票，一次次漫长的回家之路，一幕幕久别重逢的情景浮现在我的眼前。爸爸的爱，像山一般高大，又像水一样平静。

十一岁的天空

毕 鸣

十一岁的天空，在晴朗的背后也有乌云密
布，细雨朦胧……

——题记

淅淅沥沥的冬雨从天空飘落，落在了我的脸上，和我
的泪水混在了一起，滑过我的脸颊，又缓缓滑落到我的心
里。

成绩出来了，我迫不及待地在那"茫茫人海"中寻
找自己的名字。未知、茫然包围着我，不知道成绩是好是
坏，我的心情越来越紧张，感觉教室里的空气开始变得稀
薄。当我看到自己成绩的那一刻，我甚至怀疑是我的眼
睛花了。还是这本来就是一个梦境？故作泰然地回到了座
位，我开始眩晕，不，不，这不是真的。

回家的路变得漫长，可如果不回家，我还能去哪儿呢？剩下一颗空洞的心，冰冷而绝望。前面的路昏暗得恐怖，我怕在黑暗中跌倒，迷失了自己就会丧失勇气。终于打开了家门，家人们的目光齐向我投来，里面充满希冀的光。那种安静的空气，让我有种快要窒息的感觉。我不得不把一切都告诉他们……

"妈，我要买本作业本。"不知从哪儿来的勇气，我打破了这安静的局面。妈妈狠狠地把钱摔在地上："考成这样，买再多的作业本又有什么用！"

我缓缓地捡起钱，就在转身的那一刻，眼泪不自觉地流了下来，我拼命地往外跑。迎着路人异样的目光，没有目的，没有方向……

雨淅淅沥沥地下，平静下来后我才发现，自己的衣服早已湿透。或许老天和我一样难过，它也在陪着我流眼泪。同学见到了我，带我回了家，忙问我发生了什么，我毫无顾忌地哭了出来，把我一肚子苦水倾诉出来。好朋友一直陪着我，我很感激。原来，伤心的时候并不需要什么安慰，只要有人陪在身边，知道自己并不孤单就好。

雨不停地下……我想这场雨不会下很久的，对吗？

十一岁的天空，会放晴吗？

美丽的校园生活

蓝于湉

    每个人心中都有美好的事物，它点缀着我们的人生之路。在大家心中，它可能是一束束的鲜花，一缕缕的阳光，也可能是一句句暖暖的祝福。但是在我心中，它却是我的校园生活，它在我苍白的人生路上铺垫出了一路的春光。我们的校园充满快乐的笑声，读书的热情，和一股积极向上的信念。

    早晨，刚进入校园的学生，他们充满斗志；午时，他们的学习热情，在无限地燃烧着；傍晚，他们学习结束了，闪烁着一天中胜利的光芒。

    校园的生活是充实的，上课铃响，学生都将饱满的学习热情释放出来，迎接新的挑战；下课铃响，有的同学们在聊天，有的同学们在操场间活动，如那新生的鸟儿，有些同学还在温习这堂课所学的知识。校园内的学生每一天的生活都充满了乐趣和斗志，都在为了好成绩而拼搏。

　　校园的生活是充满挑战的，只要一不小心，不认真，就会被别人远远地甩在后面，所以没人敢有一丝懈怠。

　　校园的生活还有老师的相伴，当你为遇到困难无法解决而烦恼的时候，老师是你的指路灯，他会引导你，最终战胜困难；当你考砸时，伤心难过时，老师在你旁边倾听你的心灵，鼓励你走出阴影。

　　校园的生活是有情感的，朋友的友爱，老师的关爱，随时帮助着我们。患难见真情，在自己最需要的时候，他们会伸出援助的手，当你心灰意冷时，有他们在身边，一切困难都如蚂蚁一般地渺小。

　　校园处处都充满了色彩，时时都充满了欢笑，我要说："我爱我的校园，我的校园独一无二！"

赤橙黄绿青蓝紫

牢记交规　安全出行

余　佳

　　经济的发展，给我们的衣食住行带来了极大的便利。说到"行"，我不得不赞叹当今社会四通八达的交通，不论是大、中、小城市，还是偏远乡村，都有着车水马龙的盛景，大小十字路口的红绿灯也是低头不见抬头见。因此，便有了"中国式过马路"之笑谈。

　　我曾经在电视上看过一个调查，在一个闯红灯事件频发的十字路口，一名记者乔装打扮混入人群当中，当对面还是红灯的时候，记者身边已有几个人蠢蠢欲动，有些行色匆匆的"上班族"甚至已经向前迈开了步子，记者连忙上去阻止，真诚地说："现在还是红灯。"可他们根本不予理睬，随后，一大群人跟在那位"先锋"后面，浩浩荡荡地向对面走去，完全置红绿灯于己外。这也就宣布，记者第一次劝告失败！第二次，有三四名志愿者加入记者的行列，同样的情况，志愿者们和记者都站在原地不动，但愿能起到一定的带头作用。结果比上次好了些许，但仍有几位顽固分子横冲直撞地过了马路。直到第三次，更多的志愿者加入，红灯前才显出了空前的状况。大家都静静地等绿灯亮了才过马路。"红灯停，绿灯行"，这是我们从小念到大的基本常识，然而，问题往往就出在我们自己的身上，什么是"中国式过马路"？非机动车走机动车道，行人走机动车道，闭着眼睛闯红灯……这让我们"文明古国"的头衔摇摇欲坠啊！

未来是属于我们的，有时候，小小的一幕足以让人心里暖暖的。那天，我和妈妈一起去东台逛街，正准备穿过国贸对面的十字路口，无奈碰上了红灯。这时，一位五十多岁的大爷脚步急促地从后面走来，一面抬头看着对面红灯下的倒计时，一面不停地叹气，左脚悄悄地向前迈了一步。在我的右手边，一位五六岁的小姑娘上前揪了揪大爷的衣角，用甜美的声音说道："爷爷，爷爷……现在是红灯，老师说了不能闯红灯的。"大爷连忙收了脚，满脸堆笑地对小姑娘说："嗯嗯。"小姑娘笑了。我的心也笑了。但愿她长大后能记得今天所说的话，但愿所有人都能记得。

生命诚可贵，不要因为一时的疏忽而毁了自己的人生。把交通规则牢记在心，从小事做起，哪怕只是过马路。只有这样，安全才会伴随我们幸福一生！

长大的童心

黄　婷

　　小时候，我喜欢爸爸坚实的背，宽宽的，很安全。夕阳下，爸爸总是背着我回家，不厌其烦地给我讲故事，带着甜甜的笑。父女俩的笑声洒满了回家的路。

　　哦！童心在爸爸的背上。

　　小时候，我喜欢外公满脸的胡子。他总是抱起我，用长满胡子的脸亲吻我的脸蛋，然后在脸上蹭，惹得我笑个不停。我问道："外公，为什么我没有胡子？我也想要！""等你长大了就会有。"外公抚摸我的头慈爱地说。我信以为真地点点头。

　　哦！童心在外公的胡子里。

　　时间如白驹过隙，滑过爸爸的背，掠过外公的胡子，穿过我的指缝，我的童心长大了。现在，外公抱不动我了，爸爸的背也不再直挺了。

夕阳的余晖下，我捶着爸爸的背。"乖女儿，爸爸老了……"爸爸的神情透着无奈和感伤。"爸爸，那你和妈妈就等着享清福吧！我来养你们！"我说着，捶得更卖力了。爸爸听了，欣慰地笑了。

　　我的童心，装进了责任与孝心。

　　现在，外公的胡子变白了，而我，却没长出胡子来。"外公，你骗我，我为什么还没有长胡子呢？"我问道。外公点燃一支烟，默默地吸着，吐出一个个烟圈。朦胧中，我看见外公仍一脸慈爱，一个劲儿地说："会长的，以后就有了……"我会心地笑了，外公善意的谎言，点缀了我的整个成长岁月。

　　我的童心，装进了理解与善良。

　　哦！长大的童心，让我感受到亲人的爱，让我领悟到成长的真谛。

草原·天堂

陈润怡

汽车飞驰在公路上，两边是一片怡情的绿，一望无际。梦中的草原，此刻已近在咫尺。呼伦贝尔，我们来啦！

绿色中忽然跃出一片流动的斑斓：黑白的奶牛，黄白的奶牛，云朵般的小羊，都在悠闲自在地低头吃草。枣红马跑起来了，黑色的鬃毛迎风飞扬，似飘逸的精灵，尽显蒙古马儿的彪悍。马驹儿跟在妈妈身后一颠一颠地跑着，趁着妈妈低头吃草的工夫凑上去喝奶，一副迫不及待的样子。

随着刹车，我的身子往前一倾，这才发现，一大群奶牛已经站在了路中央。领头的奶牛顶着一对小短角，眨巴着大眼睛，"哞哞"叫着向路对面走去，长长的尾巴甩动着，全然不顾我们惊喜的目光……

走下车，无边的绿意扑面而来。绿地毯从平地铺到丘陵，四周都有小丘环绕，在天际画出优美的弧线，好像水面上涌动着波浪。绿色从丘陵流淌下来，在大地上漾开。翠绿的丘陵，嫩绿的草地，加上新长出的黄绿色的叶尖儿，我犹如置身于一片绿的海洋。是丘陵染绿了草地，还是草地染绿了丘陵？

放眼远望，星星点点的蒙古包犹如白莲花，在无边的草地绽放。一条泛着银光的丝带飘落在绿毯上，迂回曲折，舞出动人的曲线。哦，美丽的莫日格勒河！

阳光愈发明亮了，照得青草亮闪闪的，踩在这天然的绿地毯上，连脚底都充满了柔软的力量。绿草间点缀着星星点点的小黄花与毛茸茸的蒲公英，高个儿的狗尾巴草互相摩挲着，演奏出一曲曲草原交响乐。蜂与蝶在花丛间舞蹈，和着动人的节拍，让我不忍打扰。清风习习，鼻翼间弥漫着青草的芬芳，闭上双眼，聆听着绿波的涛声，心中一片澄净……

坐着，趴着，躺着，我要与这绿色融为一体。绿茸茸的草尖儿温柔地拂过我的脸颊。仰望苍穹，那是一片纯净明朗的蓝，一片清澈见底的蓝。悠闲飘浮的白云形态万千，犹如羊群在天空漫步，又似天鹅在湖边优雅地梳理羽毛……变幻的云影，在绵延无尽的小丘上奔跑，又随着风儿飘散，似流动的画。

此时此刻，时间似乎静止了，视野里只有澄澈的蓝色、柔和的白色、生机盎然的绿色。这天堂般的草原，让人仿佛走入了绮丽的画卷，眼前一片辽阔，恬静在心中荡漾。我多想变成一棵蒲公英，融进这片绿色，在徐徐清风中放飞自己洁白的梦想……

惹事儿的水痘

李彤雨

近段日子，只要有人提起"水痘"，我就浑身痒痒。

且不说我的谈痘色变，也不提痘源小朱同学的"五杀"，先来看一下我们班的现状：同学接二连三地被迫回家，老师又不敢开太多新课，如我这样的滞留者多半心慌意乱。我们还不敢肆无忌惮地出去游荡——怕被老班棒喝，怕被校医围剿，怕被别人嫌弃，怕真成了痘源……班级气氛也渐渐变得诡异。今早起，连最能侃的小张同学也不"呱"了。嗯，都是水痘惹的事儿。

正琢磨着呢，老王来宣布了一条重大决定："鉴于本班已有五名同学感染水痘，为避免出现大范围交叉感染，确保同学们的身心健康，从今天中午起，学校同意咱班停课五天……"

没等他说完，班里就炸开了锅。也是，全班放假，虽说看起来是个不错的选择，可一旦回家，体育课没了，社团活动没了，课也跟不上邻班进度了……副作用真不小。随之而来的，还有各位科老师赶制的那些作业！这么想着，作业竟真如雪花般飘洒，渐渐在我桌上堆积成山……唉，都是水痘惹的事儿。

想和小舒同学分享一下此时的感触，一转身，却发现他的座位空着。我怎忘了他已"阵亡"这件事儿？一缕久违的阳光正透过玻璃，暖暖地照在我的侧脸上。可是，同学在苦痛中，班级在沦陷中，我在迷惘中，哪还有什么闲情来欣赏阳光的明媚？哼，这惹祸的水痘！

然而，水痘惹的祸还没结束。我刚一到家，就感到身上奇痒难耐，控制不住地要这里抓抓，那里挠挠……突然，我摸到了一个"痘"！吓死宝宝了：老天爷，您别和我开玩笑，好不好？我"上有老，下没小"，一大堆作业还等着去写，美好的家乡还等着建设……我的大好时光可不想奉献给水痘啊！

咻呀，破了。这就尴尬了。红色？什么鬼？赶紧把手拿过来确认：是血，不是水。一阵狂喜：老天爷开眼啰！不对啊，怎天旋地转的？哦，该死，我忘了自己晕血。赶紧掏出餐巾纸，我擦，我擦，我擦擦擦。可是，可是怎么又痒起来了？胳膊上，胸脯上，脖子上……处处都痒。哎呀，这惹事儿的水痘！

当晚，我梦见自己真出了水痘，里三层外三层，简直密密麻麻。那一个个晶莹透亮的水泡，泰山压顶般，压得躺在床上的我一动不能动。它们还在争先恐后地往外挤！一边挤，一边嘻嘻哈哈地笑："你看这个小家伙，抵抗力真差。占领他的身体，so easy！""妈啊，快救救我！"大汗淋漓中，我大叫出口，醒来一看，四围黑漆一片，摸摸胳膊，还好只是梦。

不得不说，不出水痘，我也快要被其累垮了。唉，惹事儿的水痘……

两瓶矿泉水

鹿古岳

哎，虽说时间已步入九月，可太阳依旧炙烤着大地，把大地蒸成了一个火炉。知了依旧在树上没完没了地叫着，叫得令人感觉更热了。

"丁零零"，放学了，同学们似潮水般涌出教室，我也背着书包出了教室。走到太阳底下，我忽然感觉口很干，恨不得灌进几大瓶水，便跑到小卖部里，买了一瓶矿泉水。拧开瓶盖，赶紧把水往口里倒，冰水的清凉顿时扫去了口干舌燥，又流入了肺腑，让我整个人随之一振，一个字，"爽"！

就这样，我边喝着清凉可口的矿泉水，边走在回家的路上。微风拂来，让人仿佛飘在云端，踩在软绵绵的云朵上，真是快乐啊！

回到家，我手里还握着那个空瓶。眼尖的我发现桌上有一瓶满满的矿泉水，它似乎在招引着我去喝呢。正好我还觉得没喝够，赶紧旋开瓶盖，把水一股脑灌到嘴里，一会儿就喝了一大半，剩下一点点，我终于停下来了。

这时，奶奶走进来了，看见我手里喝得只剩下一点点的瓶子，顿时脸色阴沉下来，责骂我道："你怎么把这瓶水喝了？不是有凉开水吗？""不就一瓶水吗？"我满不在乎地说。"你知道这水哪儿来的吗？"奶奶反问我。是啊，刚才光顾着喝，还不知道这水咋来的呢，要知道我家里很少买饮料，更别提矿泉水了。

奶奶见我不言语，便道出它的来历。原来这是爸爸工作时，老板发给他的，他没舍得喝带回来了。我震住了，我爸爸小时候没赶上好年代，长大后只能靠卖苦力赚钱。我似乎能想象到爸爸工作时的场景，或许是老板看见爸爸如此辛苦才把这瓶水给他的吧，可我竟然轻易地把它给喝了，而且之前还已经喝过一瓶了。

顿时一阵羞愧感漫上我的心头。爸爸如此辛苦，而我却大手大脚地花钱，不知道珍惜，不晓得节俭，真是太不应该了。

我也是生活的主角

张 伟

透过窗户，我望着天空，白云遮挡住了太阳，占领了整个天空。我走进洗手间，将冷水拍打在脸上，看着镜子中的自己，皱着眉头，叹了一口气。时间在脑海中飞速倒流，我似乎又站在了那次的体育场上。

那是四百米跑的预赛，虽然身处于一个绝佳的位置，却似乎毫无取胜的希望。发令枪响，我飞奔了出去，却仅跑出几十米便被远远地落在了后面，比赛结束，结果显而易见——我没进决赛。

于是，之后的我，只是观众席上的一个配角。望着赛场上忙碌着的运动员们，我取出包里准备已久的零食，无奈地放进嘴中，戴上耳机，耳机里传来徐徐的歌声。我沉浸在了一个人的世界里。

然而这份安宁并没有维持多久，班长拿起了喇叭大声喊道："同学们，接下来是女子四百米跑的比赛，大家来一起为运动员加油！"我向赛场望去，跑道上曾经也留下过我的身影，想到这里，我又坠入了不美好的回忆中。发令枪响起，"加油！加油！"我被周围的气氛感染了，奋力摇着手中的手摇花，加入了喝彩的队伍里。

A飞速冲过跑道，我们班因此得了第一名。阳光穿透云层洒到大地上，空气中弥漫着一股兴奋、热烈的气息，不知为何，我的心情莫名地激动、高兴起来。我把耳机塞进口袋，零食放入包里，坐在观众席上，为下一场比赛助威而准备着……

一上午的时间如小溪般匆匆流走，再一次站在操场上，耳边是校长宣读闭幕辞的声音。看看天空，太阳在云层中逐渐显露出来，与蓝天、白云构成了一幅和谐唯美的图画，美妙的感觉在我心中回荡，挥去了心头仅剩的几丝阴霾。

原来啊，运动会的主角不只是运动员。因为努力展现自己，白云和太阳都是天空的主角；因为努力做一位优秀的观众，我也是运动会的主角。原来只要努力做好自己分内的事情，每个人都会是生活的主角。

家有一宠

范孜欣

一身乌黑亮丽的卷长毛，配上一双支棱着的小耳朵，粉红的小鼻头，你猜它是谁？没错，它呀，就是那个不折不扣、无"恶"不作的调皮鬼——毛球！它是一只小狗，表面上温驯可爱，不过，你可不要被它的外表所迷惑，指不定哪一天，它就让你哭笑不得。

吃货本相

用老爸的话来说，毛球吃饭，就像八辈子没见过饭一样，狼吞虎咽，如饿虎扑食。这个比喻真是恰当得不能再恰当了！你瞧，才刚刚起床，毛球就不干了，开始抗议。无奈之下，我只好丢给它一块饼干。只见它紧紧地盯着那块饼干，后腿一蹬，随着身体稍一前倾，小嘴一张一合，饼干就在它嘴里了。我被这表演惊呆了片刻，待我回过神来，它已将饼干吃完了。我的兴致被激发了，又丢给它一块饼干，它重复刚才的动作，可惜扑了个空。扑空也就罢了，可它对食品卫生的要求很不严格，掉到地上的食物，通通进到肚子里去。所以，我又以不讲卫生为由训了这"小坏蛋"一顿，顺便责备它没让我看成好戏。

毛球哇，看你以后还敢不敢违背我的命令！

疯 狂 玩 耍

说起玩，咱家这位可毫不含糊。别看体形严重超标，可那不是问题，它玩起来，那叫一个无"狗"能及。

瞧，老爸在和毛球玩了。他把球拴在绳子上，在前面跑，毛球就盯住那个球，紧追不放。快要追上了，只见毛球一扑，呀，扑了个空！没关系，人家毫不气馁，再扑一次，啊！咬到了。毛球咬到后那叫一个"牛"哇！任凭老爸怎样拽，它坚决不松口，小圆眼瞪着老爸，仿佛在说："我就跟你杠上了！怎么着？"没办法，老爸只好和它比赛拔河。想不到，毛球狗小力不小，竟和老爸不相上下。无奈之下，老爸把绳子提起来，哪知它像被钉上了一样，竟四脚离地，身体悬空，看得我是心惊胆战，可它却不以为然，没事"狗"一样，还在上面荡起了秋千！

毛球，你确定你不会掉下来？

调皮淘气

　　说起它的调皮淘气，给我三天三夜也说不完。钻进老爸的大棉鞋里，以致老爸每次穿鞋都得先试探试探；家里找不到的鞋袜、衣物，都能在它的小窝里找到；那些"夭折"的花草，都是它祸害的……这些还不算什么，最可气的是，有一次，我要上学走了，装了几件衣服，放在塑料袋里，因中途要去拿东西，便想：要不，先把衣服放到地上？反正套着塑料袋，地也刚拖了，也没什么。于是我便放下衣服去拿东西。可回来时，我惊呆了——衣服呢？我无意中瞥见毛球那肥胖的身影正叼着一团什么东西，快要从我的视野中逃走了！我大吼一声："毛球！"便飞奔了过去。聪明的你是否猜到了呢？没错，这"小坏蛋"嘴里叼的，正是我的衣服！我边跑边叫："毛球！回来！还我衣服！"可它竟然只是回头看了我一眼，跑得更快了。我用了百米冲刺的速度，穷追不舍，追到了它的小窝旁。我伸出手，抓住了塑料袋，可它还不松口。出于无奈，我只好和它拔河。就在这时，只听"刺啦——嘭噔——"一人一狗相继倒地。原来袋子被我们撕破了，里面的衣服纷纷落地。

　　"毛球——"随着一声尖叫，它好似明白了什么，拔腿就跑，躲在角落里偷偷地观察我。我好生懊恼，将它

"碎尸万段"的心都有了。

毛球哇毛球，你赔我衣服！以后，别让我再看见你！

怎么样？这就是我家那个既淘气又可爱，让人又爱又恨的小宠物——毛球！你喜欢它吗？我想：它是不会介意让你哭笑不得的！

都是管闲事惹的祸

李　灿

我是班里头等悠闲人物，江湖人称"管闲事大王"。

1

"看我神龙摆尾！"二春和尔凯正值大战。瞧，旁观者围了几圈。

身体笨重的尔凯，力量却并不占优势，而黑黑的二春身体不仅健壮，而且动作灵巧，这给战斗的胜负画上了一个大大的问号。此时，双方对视，正如江湖中所说"先怯必输"。从尔凯的眼神中不觉能读出破釜沉舟之意，他已感到前景不妙了！快出招啊，想必大家都有这种期望。我挺起胸膛，走出阵列："给我打——嗷！"我瞬间被他们两个按在了地上，众人立即拿我开玩笑。

真倒霉，都是管闲事惹的祸！

2

"小驴"天生命苦，座位被分到了四名女生中间，四面楚歌啊！我们不禁为他感叹："可怜的驴啊！"

这天课下，"小驴"又遭虐待。"救命啊！"听着他要命的惨叫，我实在看不下去了，打算当一回"救驴"英雄。"别怕，我来也——"我唱着京腔，冲锋在前。可是一下四个实在有难度，于是我决定采用"就近原则"，逐一"歼灭"。离我最近的女生便遭殃了，虽然是象征性地"击打"了几下，可几招下去，那女生便使出了撒手锏——哭。我见状不妙，当即谢罪，可她的泪水却像开了闸的水管，流个不停。唉，本想过一把英雄瘾，却惹来这等麻烦事。

真倒霉，又是管闲事惹的祸！

3

"今日春光多妩媚……"伴着优美的诗句，我走在去厕所的路上。可半路上我看见本班同学在草地上打闹，管闲事的欲望油然而生。我大将一般飞奔过去，高喊："不许闹，老师来了！""啪"一下跳入草坪，"都给我老实点儿，否则……"我捏了捏拳头。可就在此时，一阵急促的脚步声由远及近，身影渐渐清晰——老师。可怜的我也被纳入了犯罪"团伙"中，办公室里少不了一顿训。

真倒霉，还是管闲事惹的祸！

"都是管闲事惹的祸"，这是本"大王"在经历了一次次尝试后发出的由衷感慨！

我帮爸爸妈妈练摊

李雨涵

每当听到其他小朋友说自己的爸爸妈妈是医生、老师，或是某某专家的时候，我便很沉默。因为，我实在不好意思对别人说，我的爸爸妈妈是赶集卖货的。

我觉得妈妈总是喜怒无常，比如，我吃饭剩了半碗，她会冲我大吼，说很难听的话。我羡慕别人的爸爸有耐心，会辅导孩子学习，而我爸爸的脾气却很暴躁，有不会的题，我只能去问耳背眼花的爷爷。

寒假的一天，爸爸告诉我："年集到了，帮我们去看摊吧。"我特别高兴，心想，能在货架前自由地转来转去当老板，得空了还能去集市上逛逛，再吃些美食，比窝在家里做作业可强多啦！

让我没想到的是，赶年货大集是要早起的。天还没亮，爸爸就叫我起床了。外面漆黑一片，真冷啊！爸爸在烤车，他让我把水烧热，一会儿灌到车里。我提着铁壶到外面取水，手冻得都粘到了壶梁上。终于伺候好了车，妈妈给我穿上了厚厚的棉衣。顾不上吃早饭，我们就坐着爸爸的车出发了。"为什么要这样早呢？"我呵着团团白气问妈妈。妈妈说："年货大集人多，去晚了，车就进不去了。"

终于到了爸爸的摊位。街上影影绰绰，都是赶早来的商贩，有卖服装的、卖鱼的、卖布的、卖菜的、卖水果的……他们正在努力地从车上卸下一个个沉重的货箱。爸爸也把货箱搬了下来，开始搭架子，我帮妈妈往架子上摆货。爸爸又进新货了，除了服装，还多了些新年礼品和小饰品，红红火火的，让人看着就喜欢。

十米长的货架终于被我们摆得满满当当，天空也露出了一丝灰白色。离赶集的人来买东西还早着呢，我冷得直跺脚，不停地搓手呵气。妈妈说去给我买点儿吃的，我高兴地等着。没想到，妈妈只买了三个芝麻烧饼。每人只吃一个烧饼呀？天这么冷，烧饼这么干！我失望极了。妈妈在车篓里找了半天，发现出门太急，忘带水了。她找旁边的叔叔借了一瓶水，我一喝，怎么是凉的？唉，凉的也比没有好哇！我喝了两口水就把瓶子递给爸爸妈妈，他们却谁也不喝。妈妈告诉我，他们在集上很少喝水，因为在人多拥挤的集市上，上厕所是个大问题，卖货的时候也实在没空去厕所。

买年货的人渐渐多了起来，街市变得十分拥挤，挤得货架都晃动了。来客人了，一位老奶奶要买棉裤。爸爸笑脸相迎，从架上摘下棉裤递给她。老奶奶摸了又摸，嫌太薄，爸爸马上从箱底翻出几种厚的，老奶奶摸摸比比，不是嫌贵就是嫌厚。我听得不耐烦了，心想她怎么这么磨叽？妈妈也和老奶奶耐心解释，说过年没准儿还降温呢，这裤子结实保暖，非常适合老年人。老奶奶终于想好了，要买，可翻来翻去，只翻出些零钱，她又提出要把棉裤拿回家试穿，下次再给钱。妈妈犹豫着，爸爸却痛快地说："没问题，大娘，穿着好，你下次再给钱！"

老奶奶走了，几位叔叔模样的人来挑选腰带。爸爸给他们测好腰围，又帮他们在腰带上打眼。一个阿姨向我询问中国结多少钱，妈妈在给一个小女孩儿试戴发卡，我只好去问爸爸。我总是记不住价钱，所以总是跑来跑去。一拨拨人流过去了，挣了钱真让人兴奋；可一会儿又冷清了，让人焦急和失望。

我不停地说着话，一遍遍地告诉顾客什么东西多少钱，来来回回地在货架前穿梭，一会儿便口干舌燥，双腿也胀痛起来。我的手变得脏兮兮的，肚子也饿得咕咕叫。糟糕，我想上厕所了。看着挤来挤去的人群和不断上门的顾客，我哪里顾得上去吃东西，更没时间去厕所呀。

天黑了，年货大集接近尾声。我帮爸爸妈妈将货品收进箱子，爸爸把它们一件件地搬上车。我又累又饿，心

赤橙黄绿青蓝紫

想，要是能进小店吃一碗热乎乎的米线该多好哇！爸爸却说："天儿不好，回家晚了奶奶会担心的，我们还是回家吃吧。"

回到家，我端起奶奶盛好的面条，吃得狼吞虎咽。奶奶在我身旁不住地问这问那，问我冻坏了没有、饿坏了没有，我却真的无力回答。

我终于理解了爸爸妈妈。他们并不是脾气坏、嫌我烦，而是在集市上劳累了一天，不停地说了一天、走动了一天之后，实在是太累了……

成长的烦恼

邓倩文

　　成长，就好比我人生中的一艘小船，行驶在海面上。有时风平浪静，有时也会遇到汹涌澎湃的海浪。但我的成长之舟，并不是一帆风顺的，其中也经历着各种各样的烦恼。

　　"你怎么就这么粗心大意，数学不是忘了数字，就是死脑筋转不过弯来；语文也是，不该错的总是错……成绩总是下滑，不见有几次提高！"从刚上六年级开始，这类话常常在我耳边萦绕。

　　我也想要把成绩提上去，不过总是不能称心如意。不是这科失手，就是那一科败下阵来。这些都是出乎我预料的。谁不想考个好成绩，可是每个人的能力不同，所尽的努力也不同，所以收获的"果实"也有干瘪和饱满之分。因此我也只能说"尽力而为了"。

　　春天的大树长出了茂密的树叶，地面上毛茸茸的小草一片又一片。他们都自由自在地随风摇摆，似乎在跳舞。刚考完试的我，从校内出来，骑自行车往回走。在往回走的路上，往日美好的一切，在今天都变得枯燥无味。

　　春风姐姐吹着路旁的小树，发出"沙沙"的响声，好像在责怪我；小草被吹得弯下了腰，好像在嘲笑我；树上的小鸟在窃窃私语，好像在说我笨。再看我旁边的同学一个个精神饱满，看着他们一张张笑脸，我的心更是"十五个吊桶打水——七上八下"。

　　回到家中，父母看到我那悲伤的脸，就预料到我考试又败下阵来了。吃完饭后，我正要去写作业。被爸爸叫住了。我的心一下子提到了嗓子眼儿。我静静地坐在椅子上，爸爸拿了一杯水，坐了下来，收拾完饭桌的妈妈也坐了下来。

　　"你今天考试考得怎么样？"爸爸阴沉着脸压着嗓子说。我低着头小声说道："考得不太好。"妈妈唉声叹气地说道："还用再问吗，她也就那样了。"说着便躺在了床上。爸爸听了妈妈的话后，便不再问了。手一摆，意思是让我回自己屋去。我的泪像断线的珠子落了下来，我哭着走进了我的卧室。

　　晚上我躺在床上，翻来覆去，怎么也睡不着，我就在想：爸爸妈妈，你们知道吗？你们今天的话语，伤了一颗幼小的心。爸爸妈妈真的不管我了吗？我也已经下定决心要努力了，可结果总是让我失望。

　　但是，如果好成绩那么容易就让我得到，那岂非大失它本身的意义，也失去了人们要拥有它的欲望。这样想想，烦恼便消失了很多，却有另一种看法在脑海中形成：以上的话虽然有一定的道理，但未免太过于幼稚，就有点儿像吃不到葡萄就说葡萄酸。

　　没有努力争取，好成绩是不会送上门的。所以，烦恼仍像一个影子，无时无刻不在跟着我。这也许是庸人自扰，但这的的确确是大部分同学所面临的烦恼。我想要解决这个烦恼唯一的办法就是学习、学习、再学习。勇敢地去接受暴风雨的来袭、生活的磨炼。因为我们知道：阳光总在风雨后。

　　成长的烦恼在不断涌来，希望我们能招架住所有烦恼的来袭，学会在烦恼中健康成长。

我的"胖子"朋友

王亚伟

在小学的学习生涯还没结束时，我跟随爸爸工作调动，来到了一所新学校。在这里我结识了许多新朋友。"胖子"徐佳欣便是我的好朋友之一。

徐佳欣确实有点儿胖，大家都喊她"胖子"，我也未能免俗——不过，我只是偶尔喊一下，得意绝不忘形。每次，她都是笑笑，并不生气。她让我喜欢的也正在这一点。有时，我盯着她那双含笑的眼睛和弯弯的睫毛，狠狠地瞅。瞅着瞅着，她那张可爱的小嘴，就又微微上翘了！我们很快就成了好朋友，于是，也有了下面这些精彩的"发生"！

那天，她从小卖部买回一把小刀，我很好奇，一个劲儿地要夺过来看。当时，她还没有组装好，就笑着让我等一下。我是一个急性子，哪里等得了？于是一把抓过来！谁知用力过猛，只听"啪"的一下，小刀就被"碎尸万段"，零件四处迸溅……吓得我嘴巴大张，也骇得她神情一怔。所幸刀片还安然无恙地躺在桌上。"还不赶快？"她急急地催促。于是，我们一起四处找起零件来。我还发动了几个同学一起帮忙。我们找啊找啊……却只找到一堆零件的残骸，看来小刀是真没办法再用了。"这回可是真完蛋——把人家的小刀搞没了，还不得被弄得身无分文？"我懊恼地想。出乎意料的是，她并不生气，还是和平常一样平静，还以那种开玩笑的口吻说："你不会是太饿了，把我的小刀吃掉了吧？"一言既出，四围笑声一片，有同学还跺起脚，拍起掌。唉，我更加惭愧了，我真希望她骂我一顿。

还有一件事，不过不是关于我，而是发生在我的同桌圣玉娟身上的。那时，圣玉娟的修正带刚好用完，便顺手拿了徐佳欣的用。谁知一不小心，修正带被摁断了！她赶紧修理：一会儿把上半个外壳对着下半个外壳，一会儿把里面的白条掐进上面的外壳，一会儿又把里面的白条丢去一边……修了半天不但没修好，情况貌还似更糟了。明眼人只要一看她那手忙脚乱的样子，就知晓这一技术，她根本不在行。

实在没办法，她只好向徐佳欣坦白，徐佳欣依然是一副宽宏大度的样子，没有计较这件事，只是埋头处理修正带，不过也没弄好，后来还是周文婧修好的。修正带被搞

赤橙黄绿青蓝紫

成这种惨样都没生气，徐佳欣可真是够好的，所以我暗地里还给她取了个绰号——"老好人"。怎么样，是不是很贴切？

同时她也是一个幽默的"胖子"，总能把我们逗得哈哈大笑。她性格很好，所以我们经常爱去小卖部"敲诈"她一番。有一次我心情不好，她见了就拉我去"享受生活"，还给我买了我最爱的烤香肠，我立即开心地吃起来，一点儿忧愁都没有了。

瞧，这就是我的好朋友，一个大方、宽容、幽默的"胖子"，我们俩可是"铁姐妹"。这也与她极好的性格有关，现在我们俩可是"邻居"，一前一后总是会出现欢声笑语，果真是"远亲不如近邻"啊。

新学校的生活真是开心，结识了如此多的新朋友，让我不胜欢喜！

我有我的精彩

陈春月

清澈见底，泠泠作响，是石泉的精彩；八面玲珑，嘤嘤成韵，是鸟雀的精彩；高远皎洁，亘古不变，是月亮的精彩。万物的精彩皆不同，而我也有我的精彩！

我不倾慕名牌大学学生的风华正茂，也不羡慕影视明星的光鲜与财富。因为我是我，我有我的精彩！

我的精彩——安静，爱书。

我喜欢在万籁俱寂、灯火阑珊的午夜，将一杯清茶置于案头，扭亮蓝色透明的熏香灯，在我的小书阁里"悦"读。或感受诗词中的儿女情长、胸襟抱负；或揣摩传记中的真真假假、飞短流长；或感叹小说中的命运造化、人生无常。通过阅读，我可以随金庸笔下的刀光剑影纵横驰骋于险恶江湖；或是跟从徐志摩尽情领略风吹雨打之乱世情缘；抑或捕捉三毛在撒哈拉沙漠中折射出的无尽思念……于心驰神往之间，游离现实之外。暂且抛开柴米油盐，忘却锅碗瓢盆的琐碎人生，悠悠于南山东篱之下。

我的精彩——热情，爱琴。

我是性情中人，有着灼热的内心，亦甚是柔软。安然静坐时，我会为天边的云彩执笔，一气呵成诗歌颂；不经意路过时，亦热衷于听曲抚琴。爱琴的我，没有真正的琴，更别提与琴相关的知识了，故更多的时候是听曲子。戴上耳机，静默安然地听一支古筝曲《沧海一声笑》，或许是一支钢琴曲《深山》，抑或是一支箫曲《梅花三弄》……无一不清婉悠扬，无一不超脱世俗，无一不荡气回肠。此时此刻，沉醉于自我的意境之中，是多么的轻松快意啊！

我的精彩——洒脱，爱景。

我们在人海中穿梭，无法避免人与人之间棱角的摩擦。在岁月的磨炼下，我不再为鸡毛蒜皮之事而耿耿于怀，不再为不足挂齿之利而郁郁寡欢。相反，我心胸坦荡，酷爱美景。我眼中的美景，不必是世外桃源，更不必是名胜古迹。那断桥边的梅花，石缝间的一抹绿；那火海中抱成一团的蚂蚁，暴风雨中翱翔的海燕；那相濡以沫的夫妻，夕阳下相依相偎的老人……都是我眼中的美景。我的心胸是多么宽阔纯净，我的步伐是多么稳健和自然。

我的精彩甚是简单，却泛着晶莹剔透的光。虽不能与"下笔如有神"的诗圣杜甫相提并论；不能与"余音绕梁"的乐圣师旷平起平坐；不能与"瞬转格局"的棋圣黄龙士"平分秋色"。但我就是我，我精彩，我任性！

如果人生可以重来

彭隆华

前段日子在家，陪妹妹看了半个月的《哆啦A梦》。片中的蓝胖子虽然搞笑，我却始终提不起一点儿兴趣来。让我真正受到震撼的是在那个晴空万里的下午，细碎的阳光从门帘后透进屋子里，照在大雄的脸上。在光与影的和谐旋律中，哆啦A梦拉着大雄的手说："走，我们一起回到过去，改变这个事实。"随后，一蓝一黄两个影子便跳进抽屉里消失了……

随着暂停键的按下，画面定格在大雄房间里。我呆呆地望着那个神奇的抽屉，久久出神，脑海里自始至终只回荡着一句话：如果人生可以重来，你会选择哪一段重新开始？

这个问题似乎是个万年不变的老梗。同桌曾经说过，人这一辈子，最幸福的就是小时候。如果人生可以重来，她一定会选择回到那时，然后，永远不要长大。望着她故作轻松的笑容，下意识要反驳的话被我咽了下去。但在我看来，长大真是太好了。

童年时代，我觉得需要我操心的事有很多。我要操心妈妈每时每刻的动向，生怕一不留神就把她弄丢了；我要操心好不容易才说服妈妈给我买的白裙子会不会被弄脏；我还要操心喜羊羊会不会被灰太狼抓走，生怕动画片就这样剧终了……长大后，随着方向感的增强，我可以自己回家，不用担心妈妈是不是要干活儿而把我留在别人家了；随着"成人意识"的出现，我可以安安静静地坐在小板凳上美美地晒着太阳，而非跳进泥坑里打滚了；随着看动画片经验的增加，我也渐渐明白，就算喜羊羊被灰太狼抓走了，沸羊羊他们也一定会来救他的。

当然，我和其他长大的人一样，会有担心考试分数不理想而让家人失望的时候，也会有觉得肩头的责任压得自己喘不过气来的时候，但却从未想过把人生倒带重来。因为我向往超人把怪兽打跑的时候，向往能像爸爸一样撑起整个家庭的时候，向往自己终有一日能像大人一样独当一面的时候。所以，每当我想要放弃的时候，就会暗暗告诉自己：你已经是个大孩子了，然后，就会释然，会继续努力，会在困难解决后开怀大笑。

人生本味是苦涩，希望我们都能真正地领略到那苦涩中隐藏的一丝甘甜，享受成长带来的快乐！

妈妈的变化

林炳斌

嘿，前面那个精神饱满，脸色红润，走起路来风风火火的美女是谁啊？告诉你吧，那就是我的妈妈。

不相信？

没错，以前的她的确不修边幅，不管白天还是晚上都是一身睡袍，大门不出二门不迈，说是要照顾小弟弟，忙得无暇拾掇自己。其实是妈妈自己太不讲究了，不是有句话叫作"没有丑女人，只有懒女人"吗？

前段时间，爸爸决定开一家橱柜店，因为缺帮手，所以让妈妈也来帮忙。爸爸整天忙得不可开交，去青岛总部学习一个月的任务只能交到妈妈身上。妈妈忧心忡忡地说："俊贤还小，谁来照顾啊？我这么大年纪了，还学得进去吗？"爸爸宽慰她："你放心吧，小宝交给奶奶照顾，炳斌这么大了会自觉的。"我在边上使劲儿地点头：

"妈妈，你就放心吧，好好学习哦！"

一个月后，妈妈从青岛学习回来了，我们的橱柜店也正式开张了，这可把妈妈忙坏了。每天早上七点多到店里打理生意，晚上回到家还要上网查资料，整天嘴里挂着的不再是哪里的黄瓜新鲜、哪家的超市促销，而是一些我完全听不懂的专业用语。现在，妈妈整天与他人打交道，慢慢变得开朗了，嘴上功夫也见长了，说起话来就像个演说家。

爸爸打趣道："你现在都成橱柜专家了。"妈妈笑道："我不多学习，怎么向顾客讲解啊，你这老板还不得炒我鱿鱼啊？"

短短的一个多月，妈妈从一个家庭主妇变成一名职业女性。她身上的变化让我认识到只要认真学习，就能克服困难变得自信的道理。

读　你

肖子禾

　　东汉末年，硝烟四起，群雄逐鹿，战马驰骋。正所谓时势造英雄，你，注定要成为历史长河中的一代骄子。

　　"对酒当歌，人生几何！譬如朝露，去日苦多。慨当以慷，忧思难忘。何以解忧？唯有杜康。"当时，你平定了北方，面对自己打下的江山，你酒至兴处，一抒豪情，立志要一统天下，结束人民饱受战乱的苦痛。字字句句，男儿的担当与时光短促、人生几何的慨叹充满了你的心房。

　　"青青子衿，悠悠我心。但为君故，沉吟至今。"透过字里行间，我仿佛看到了你对天下贤才的渴求，听见了你识才、敬才、爱才的心声。而这种种心迹的背后，让我认识到雄心壮志、胸襟开阔的你，这不同于《三国演义》中描述的狡诈猜忌的你，也让我更走近了你。

赤橙黄绿青蓝紫

官渡之战，你率兵与袁绍对决，两方兵力悬殊，你处处被压制。你任用许钧，奇袭袁绍，一把火烧了对方的粮草辎重，奠定了你完成霸业的基础。这令人瞠目的胜利背后让我看到了你卓越的军事才能及知人善任的品性，再次让我与你近了一点儿。

为刺杀董卓，你抽出匕首却行刺未遂，转而以献宝刀之名避开杀身之祸。虽令董卓半信半疑，却也无法定罪于你，让我不禁莞尔一笑。再一次，你的胆大心细、随机应变在我面前展露无遗。

"东临碣石，以观沧海，水何澹澹，山岛竦峙。树木丛生，百草丰茂。秋风萧瑟，洪波涌起。日月之行，若出其中；星汉灿烂，若出其里。幸甚至哉，歌以咏志。"我仿佛看见，你正牵着战马，伫立在碣石山的情景，山峰雄壮，大海浩荡，你浩气长抒。此时的你，俨然一个意气风发的少年郎；此时的你，远离世俗纷争，令人敬佩。

跨越历史的长河，就让我这样走近你——曹操，让我揭开你神秘的面纱，读你的文韬武略，豪迈一生。

毕 业 了

李雅婷

  今年快放暑假的时候，我在电视上看着中国花样游泳运动员在水里像鱼儿一样游来游去，并摆出各种各样的造型，心里特别羡慕，产生了想学游泳的念头。我跟妈妈说："我想学游泳。"妈妈没有说同意也没有说不同意。放暑假的第二天妈妈对我说："雅婷，妈妈给你报了游泳班，并且和你的好朋友彤彤在一个班，明天就能去了。"我听了非常高兴："我爱游泳，我爱妈妈。"

  学游泳的第一天，我和彤彤高高兴兴地来到了游泳馆。教练先教我们腿部动作，一遍一遍地练习，我和小伙伴们都有些不耐烦，心里想：这么简单的动作干吗老重复，浪费时间，还不如直接让我们下水。

  学游泳的第二天，教练让我们练习漂浮，我们心里可高兴了，终于能下水了。可下水后才发现，腿部动作很重

赤橙黄绿青蓝紫

要。动作要领没掌握的同学，再用劲蹬水，也浮不远，只有少数刻苦练习腿部动作的同学才能在水里自由的漂浮。我也体会到了第一天的腿部练习对游泳是多么重要。我们重新上岸练习腿部动作后再下水，慢慢地都可以漂浮得轻松自由了。

第三天，学习上肢动作。同学们认真听教练的讲解，刻苦练习每个动作。到第十二天的时候，每个同学都能轻松地在水里游泳了。教练告诉我们，再过三天就要毕业了，到时候要举行毕业游。我也暗暗发誓要刻苦学习，争取在毕业游上拿到好成绩。

第十五天到了，这天是毕业游的日子，教练让我们四个人一组，比比看谁游得快。我早已把教练教的每一个动作都练习过不止上百次了，轮到我们小组的时候，我熟练地运用学到的游泳知识，努力向前游。结果我拿到了我们小组第一名，兴奋得又来了个"飞鱼转身"（这是我自创的游泳动作），引来同学们的一阵赞叹。教练拍拍我的脑袋说："李雅婷同学游得真棒，你是个优秀的毕业生！"

我毕业了，好开心呀！在这短短的十五天里，我学会了游泳，我认识了很多好朋友。当我把学习游泳的经历讲给妈妈听的时候，妈妈说："是啊，再有三年你就小学毕业了。"我心里默默念道：在接下来的三年里，我要刻苦学习，使学习更上一层楼，给我的小学生活画上完美的句号。

商 人 爸 爸

沈朝阳

　　我的爸爸是一位商人，他每天总是很忙很忙，很少有时间陪伴我。为此，我总生他的气。

　　寒假对许多同学来说，是放松和休闲的时刻，而我却连睡一个懒觉的机会都被剥夺了。因为我爸爸是一个时间观念极强的人，他从不允许员工迟到，对自己和家人也不例外。最不可理喻的是，他一忙起来就会忘记吃饭，偏偏老妈每次都非要等爸爸回来才会开饭，弄得我的肚子常常"造反"。你们说，可恨不可恨？

　　闲暇的时候，爸爸总喜欢手捧一本厚厚的读物，静静地阅读。时不时，他还会跟我探讨一下。每次他有独到的见解，我都是心服口不服。这不，我们又谈论起了三国人物。正当我们争得面红耳赤之时，爸爸的手机铃声响了。他一边接电话，一边走进了办公室，我等了好久也不见他出来。哈哈，爸爸一定是认输了！

我蹦蹦跳跳地跑进了爸爸的办公室，只见他呆呆地坐在办公桌前，表情很严肃。他忧郁的眼神告诉我，一定是遇到难事了。但不管我怎么问，爸爸都一言不发。一旁的妈妈却唠叨起来："那边是货运不来（一场大雪阻断了运输），这边面临着断货，更急的是客户们不断打来催货的电话，这可怎么办？好不容易占据的市场，可能就要……"爸爸却来了一句："办法总比困难多。"这句话可是爸爸的口头禅呀。说着，爸爸快步走到电脑前，熟练地敲打着键盘，收集着数据资料。弄好资料后，他开始不停地拨打电话，筹备货物借调。在多方协调之下，一场风波就这样平息了。

爸爸脸上的乌云是散去了，我却是满脸乌云。我嘴里唠叨着："妈妈是杞人忧天，爸爸是兴师动众。不就断了几天货吗？何必小题大做？借调货物的办法是不错，可那不得赔上大笔的运费吗？这不是傻呀？还不如我呢……"我的不屑都被爸爸看在眼里。他语重心长地对我说："你知道市场断货有多严重吗？在激烈的市场竞争中，随时都有商家取代你。我失去的仅仅是一点儿金钱，却换来了客户的信任。商人的荣誉不在金钱，而是信用。"听爸爸这么说，我重重地点了点头。

感谢爸爸给我上了一课，让我理解了他的不易。这位对员工、对家人近乎苛刻的爸爸，其实也是一位乐观、诚信、有担当的爸爸。

人心齐，泰山移

姚　婼

"加油！加油！"助威声不绝于耳。原来我们六年（1）班正与六年（2）班举行一场扣人心弦的拔河比赛。只见一根粗壮的绳子横在操场中央，双方队员握紧拳头，怒目圆睁，个个跃跃欲试，仿佛胜券在握。

"嘟……"裁判员一声哨响，对弈双方立即发力，大家紧握绳子，憋足了劲儿，涨红了脸，使出了浑身解数。啦啦队的队员也不甘示弱，喊破了嗓子，拍疼了小手。只见系在绳子中央的红领巾一会儿向这边移动，一会儿又移向那边，一会儿又停在中间不动弹。僵持数分钟后，我们六年（1）班的队员突然人仰马翻，输了第一局。

中场休息，大家垂头丧气，一言不发，好像世界末日即将来临。"看你们这般模样，个个哭丧着脸，真没出息！"班长小军首先打破了僵局。"对，大家得想想办

赤橙黄绿青蓝紫

法，出出点子，还有第二局、第三局呢！"机灵鬼小明一语道破。于是，大家七嘴八舌，议论纷纷。有的说："我们得有个领军人物，他一声令下，我们便心往一处想，劲儿往一处使，不能各敲各的锣，各打各的鼓。"有的说："将人高马大的同学排列在首尾。"还有更绝的，说："在地上挖个小洞，比赛时，用脚后跟使劲顶住洞壁，借助大地之力，不相信对方不败下阵来。"班长集思广益，重新排兵布阵，并反复叮咛，提醒大家注意。

第二局比赛打响了，我班群策群力，一鼓作气，六年（2）班应声倒下。第三局，我们势如破竹，趁热打铁，最终以2∶1的总分战胜了六年（2）班。同学们手舞足蹈，无比快乐。

"人心齐，泰山移。""三个臭皮匠，赛过诸葛亮。"我在心里默默地领悟，静静地思索。

寻 觅 春 天

杨思涵

都说春天已经来临，但我宅居城里，怎么也不见她的踪影。周末，我去郊外寻觅春天。

春天在哪里呢？哦，春天藏在五彩缤纷的果园里。你看：桃树、杏树、梨树都开满了花，红的像火，粉的像霞，白的像雪，你不让我，我不让你，好不热闹！花朵间，成群的蜜蜂欢快地闹着，三三两两的蝴蝶热情地飞舞着，成群结队的小鸟高兴地唱着，好一派生机盎然的景象，真是"绿树枝头春意闹"啊！

春天在哪里呢？哦，春天躲在错落有致的梯田里。放眼望去，大片大片金灿灿的油菜花，格外耀眼。一阵风吹来，金波荡漾，那景象真是蔚为壮观。漫步于田野间，我不由得深深呼吸，那淡淡的香味沁人心脾，一时间，我仿佛进入了一个如梦似幻的仙境。金黄的油菜花，暖暖的阳光，让人倍感心旷神怡。仔细一看，柔软细嫩的花朵就像小姑娘的脸蛋，在绿叶的衬托下格外娇艳、可爱、迷人，让人不禁顿生怜爱之情。

春天在哪里呢？哦，春天隐在苍翠葱茏的山林里。你瞧：山林那一片深深浅浅的新绿令人迷醉。远远望去，像给大山穿上了一件迷彩服。林间，阳光透过枝叶给树林增添了几分暖意。时时传来的阵阵鸟叫声，使得山林更加热闹欢快了。偶然俯身，许多枯草映入眼帘。也许你会叹息："真是美中不足啊！"不过可别恼，扒开那些垂头丧气的枯草，你准会惊喜地大叫："哇！是绿的！柔软的嫩草！"原来枯黄的草丛间，早已布满了春天的足迹！

走出钢筋水泥的蜗居，春天已然扑面而来！

唱歌，我的最爱

吴晓辉

穿上牛仔裤，蹬双运动鞋，再拿一支麦克风，我就能快乐地唱歌！随心所欲的个性，让我在歌声中寻求到了快乐和自由！

小时候的我，每每看过动画片，就会傻傻地坐在最高的那块梯田之上，在无人的地方，迎着清风，望着原野，轻轻地哼上一小段歌曲。因为没人陪我玩，无聊时，我便一个人漫无边际地哼唱。虽然不知道自己哼了些什么，却常常喜欢这样一种方式，去思考和探索歌词的内涵，简单而美好，纯粹而幸福。我，就这样静静地陶醉着！

八岁时，我跟随父母搬到城市生活。每天一大早，就来到丛林小道漫步。戴上耳机，手指灵活地拍打节奏，脚也会随着音乐跳起来。那段时间，我因为唱歌而爱上了运动，爱上了大自然，对生活也多了一份自信与快乐。

我之所以喜欢唱歌，并不单单是因为它能让我开心，其实，它更能助我成长。

我仍清晰地记着那次上台唱歌的经历。因为想要锻炼胆量，我便报了名，参加学校元旦会演。可在上台时，我却恨不得找个地缝跳进去。面对那么多同学，怎么办……没办法，只能硬着头皮唱了。我不知道自己是何时唱完的，可台下的欢呼声却异常热烈。从那以后，我便学会了尝试。唱歌，让我懂得了坚韧而勇敢的力量！

"明月几时有……"每次我孤单时，就喜欢哼上几句，任淡淡的离愁飘散，任丝丝的回忆重现，如果月圆花好，我也会情不自禁地唱起来。"这一生一世，有多少你我，被吞没在月光如水的夜里，多想某一天，往日又重现，我们流连忘返在贝加尔湖畔……"

我喜欢在散步时自娱自乐，洗澡时展示歌喉，节假日拉起朋友去KTV……无论何时何地，我这艘在海洋畅游的小船，只要扬起音乐的风帆，心情就会好很多。

让我们一起唱起来！让音乐之花到处盛开！

我成了古人的偶像

杨千寻

一天，我正在玩游戏。不知怎的，游戏机上忽然出现了一个巨大的黑窟窿，把我吸了进去。随着"啊"的一声尖叫，我发现自己落在了一座金碧辉煌的宫殿里。

一群大臣回过头来盯着我这个"外来者"。其中一位捋着胡子问："汝何人？怎敢擅自闯入皇宫？""什么，这是皇宫？"我有些害怕，赶紧说："我叫杨千寻，是21世纪的人。我是被游戏机吸到这儿来的。"另一位大臣不客气地说："皇上，此人不可信！他没有任何东西证明自己，应把他拖出去斩了！"

我十分生气，掏了掏口袋，摸到了一辆坦克小模型。"你们看，这就是21世纪的发明。这是坦克！"我掏出来给皇帝看。皇帝端详了好一会儿，慢慢地吐出一句话："这东西能上战场吗？"我点点头："当然能啦！不过，这是模型，需要制造出更大的来！"皇帝若有所思地点点头，让我马上就制作坦克。原来，皇帝正面临着一场大战，他已经连续打了两次败仗，所以，决定让我试试看。

我召集了几位能工巧匠，按照科学书上写的制造坦克的方法，在失败了一百多次以后，终于成功地造出了坦克。皇帝命我当场试验。看到坦克的威力，皇帝立刻让我再造十辆坦克，并教会他的将士们如何使用。最后，皇帝靠着我制造的坦克取得了胜利。

可我就倒霉了。从此，不论是大臣还是普通百姓，不论是王公贵族还是街头的流浪汉，都知道了这件事，无论我走到哪里，都有一群人跟着，我成了全国人的偶像。刚开始我骄傲极了，可是不久我就烦了。因为我被缠得连吃饭的时间都没有了，每次刚端起饭碗，就有慕名而来者带着礼物拜见我。

我再也受不了古人的"热情"，开始祈祷自己能快点儿回去。

早上，我四点钟就起床了。谁都没有告诉，我悄悄地来到了城郊的山林中。为啥？唉，躲避那些拜访者呗。山中云雾迷蒙，我正犹豫要不要回去，忽然，一个黑窟窿在空中出现，把我吸了进去。

当我清醒过来时，发现自己躺在小床上，游戏机就在我枕边，显得十分平常。但我很开心，终于不用再做偶像啦！